# Ismael Leandry-Vega

# La eutanasia y el suicidio asistido son actos buenos, éticos y necesarios
Derecho a morir con ayuda médica

**Editorial Espacio Creativo**
Charleston, SC

Publisher: Editorial Espacio Creativo, Charleston, SC

ISBN-13: 978-1542750837 ISBN-10: 1542750830
Derechos de propiedad: Ismael Leandry-Vega

Copyright: © 2017 Ismael Leandry Vega

**Standard Copyright License**

*Portada: © Dan Race Fotolia.com*

*Reservados todos los derechos. El contenido de esta obra está protegido por Ley, que establece penas de prisión y/o multas, además de las correspondientes indemnizaciones por daños y perjuicios, para quienes reprodujeren, plagiaren, distribuyeren o comunicaren públicamente, en todo o en parte, una obra literaria, artística fijada en cualquier tipo de soporte o comunicada a través de cualquier medio, sin la preceptiva autorización.*

## Datos para catalogación:

Leandry-Vega, I. (2017)
**La eutanasia y el suicidio asistido son actos buenos, éticos y necesarios:** Derecho a morir con ayuda médica
Charleston, SC: Editorial Espacio Creativo

- ☞ Derecho a morir con ayuda médica
- ☞ Derecho Constitucional
- ☞ Enfermedad terminal
- ☞ Eutanasia
- ☞ Eutanasia activa y directa
- ☞ Eutanasia pasiva
- ☞ Filosofía de la Medicina
- ☞ Filosofía de la muerte
- ☞ Filosofía del suicidio
- ☞ Muerte voluntaria
- ☞ Suicidio
- ☞ Suicidio asistido

# Tabla de contenido

**Capítulo uno**
Médicos, enfermeras y el derecho a morir con ayuda médica........5

**Capítulo dos**
Derecho, eutanasia y suicidio asistido............................................25

**Capítulo tres**
La vida y el derecho a morir con ayuda médica............................45

**Capítulo cuatro**
La muerte asistida es un acto bueno y necesario..........................59

**Capítulo cinco**
Eutanasia y suicidio asistido para todos........................................77

**Capítulo seis**
Fragmentos y añadidos..................................................................89

**Referencias**..................................................................................99

# Capítulo uno
# Médicos, enfermeras y el derecho a morir con ayuda médica

## § 1

Todo ser humano, aunque resulte duro reconocerlo, tiene un «derecho sobre su propia vida.» Debido a eso, un ser humano puede tomar la valiente decisión de suicidarse. Y «nadie le puede negar eso, sea cual sea la autoridad que se oponga, civil o religiosa.»[i]

A eso se añade que toda persona mentalmente competente que esté gravemente enferma, como parte de su libertad, intimidad y dignidad, puede «ejercer su autonomía para elegir dónde muere, cuándo y con quién.»[ii] Es por eso que la mencionada persona, si lo desea, puede beneficiarse del derecho a morir –ya sea por medio de un suicidio asistido, o por medio de una eutanasia activa y directa– con ayuda médica.

Debo indicar que la muerte voluntaria y médicamente asistida, está compuesta por tres procedimientos médicos distintos. Uno de esos procedimientos médicos, es conocido como el suicidio asistido.

El suicidio asistido, en apretada síntesis, es un acto bueno, necesario y ético mediante el cual una persona enferma (eso incluye a las personas que padezcan un sufrimiento psicológico que sea intolerable y permanente) manifiesta –de manera libre, voluntaria e informada– que desea morir, y «un tercero» –que debe ser un profesional de la salud que tenga licencia para recetar medicamentos letales– le proporciona un medicamento «letal.»

Es obligatorio mencionar que el valiente enfermo que desea morir con ayuda médica –tenga en cuenta que el suicidio asistido es parte del derecho a morir con ayuda médica, ya que un médico autorizado ayuda al valiente enfermo a obtener la receta letal–, para que su acto sea catalogado como un suicidio asistido, tiene que ingerir o inyectarse a sí mismo el medicamento letal.[iii]

Para ver un buen ejemplo de un suicidio asistido, podemos ir a Suiza. Allí, entre otros casos relacionados con acaudalados, encontraremos el caso del millonario *Peter Smedley*. Debo señalar que don Peter, por razón de que «sufría un trastorno neuromotor», tomó la valiente decisión de acudir a la «clínica suiza Dignitas, donde lo ayudaron para que su corazón dejara de latir» por medio de unos medicamentos letales que él mismo consumió. Cabe señalar que don Peter, antes de suicidarse con asistencia, «redactó unas cartas para sus amigos donde les expresó sus sentimientos y les contó de la situación.»[iv]

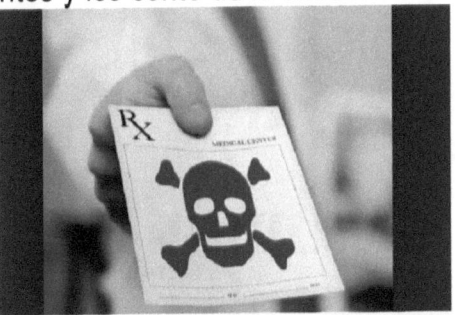

Es importante tener claro que los requisitos para someterse a un suicidio asistido, aunque rigurosos, son (y siempre deber ser) menos rigurosos que los requisitos para someterse a una eutanasia activa y directa. Esto se debe a que es el propio paciente el que, después de someterse a todas las pruebas físicas –y después de firmar todos los documentos legales que correspondan–, tiene que consumir el medicamento letal.

Es por eso que las personas «aquejadas de problemas psíquicos o psiquiátricos», pueden «beneficiarse» del suicidio asistido.ᵛ También pueden beneficiarse (o deberían poder beneficiarse) del suicidio asistido las personas que, por ejemplo, estén sufriendo serias consecuencias: (1) por culpa de la esclerosis lateral amiotrófica; (2) por culpa de enfermedades de transmisión sexual; y (3) por culpa del párkinson. También pueden utilizar el suicidio asistido las personas que, estando la enfermedad en una etapa bien temprana, hayan sido diagnosticadas con alzhéimer.

Es necesario, aquí, realizar un pequeño paréntesis, ya que tengo que decir que todo libro en el que se discutan asuntos relacionados con el suicidio asistido está incompleto si no menciona al valiente *Jack Kevorkian*.

Digo eso ya que el doctor Kevorkian, un valiente y ejemplar médico que demostró que en ocasiones es necesario infringir las leyes injustas y abusivas aunque eso conlleve terminar en prisión, ilegalmente participó –aunque los valientes pacientes siempre manifestaron su deseo de morir– en muchas muertes libres, asistidas y voluntarias en los Estados Unidos de América.

De hecho, muchos suicidios asistidos, voluntarios y deseados «se llevaron a cabo con su *'máquina de la misericordia',* que liberaba cantidades letales de drogas vía intravenosa para ayudar a morir a los enfermos.»[vi]

Cerrado el paréntesis, ahora le digo que la eutanasia activa y directa es otro procedimiento médico que se utiliza para conseguir una muerte voluntaria, informada y médicamente asistida. Tenemos un caso de eutanasia activa y directa cuando «una persona con una enfermedad irreversible y graves padecimientos es informada de su situación y pronóstico» y, libre y voluntariamente, toma la decisión de morir con la ayuda de un médico.[vii] Digo que el enfermo necesita la ayuda de un médico autorizado ya que es el médico el que, directamente, le ocasiona la muerte deseada, buena y asistida al paciente.

Es importante aclarar que la eutanasia activa y directa, que es un acto bueno y necesario, no tiene que estar necesariamente relacionada con una enfermedad terminal que esté provocando, o pueda provocar, terribles e insoportables dolores físicos.[viii] Puede estar relacionada, entre otros asuntos, con enfermedades o condiciones que tengan un alto potencial de incapacitación física y/o mental. Así, por ejemplo, una persona que esté severamente incapacitada por culpa de la esclerosis lateral amiotrófica, como el doctor Stephen Hawking, puede someterse a una eutanasia activa y directa.

Es necesario tener en cuenta que se le puede aplicar la eutanasia activa y directa a una persona: (1) que tenga un insoportable y permanente sufrimiento «psicológico»; y (2) que reiteradamente haya manifestado que desea morir con la ayuda de un profesional de la salud.[ix] Eso, además de estar relacionado con el hecho de que un dolor insoportable y permanente puede ser físico o psicológico,[x] está relacionado con esa cruda verdad que enseña que «la muerte es el puerto de todos los dolores.»[xi]

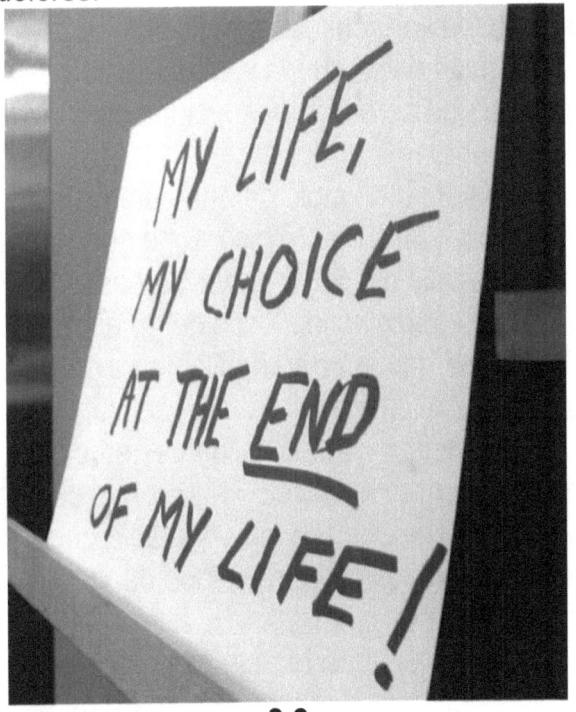

§ 2

La eutanasia activa y directa tiene como fundamento el valor de la dignidad humana, de la autonomía y del derecho de toda persona a la autodeterminación.

Ahora bien, al igual que la eutanasia activa y directa por enfermedad o condición física, la eutanasia activa y directa por culpa de unos sufrimientos psicológicos que se hayan convertido en unos insoportables y permanentes sufrimientos –algunos, le dicen angustia mental severa y permanente–, tiene que ser sumamente clara. Es decir, la decisión de pedir ayuda médica para morir siempre debe ser «absolutamente libre, autónoma y reiterada, es decir, que la voluntad esté clara y basada en una acreditada capacidad de discernimiento.»[xii]

Para ver un ejemplo de una eutanasia activa y directa, podemos ir a Bélgica. Digo eso ya que en ese país, allá por 2013, *Marc Verbessen* y *Eddy Verbessen*, «gemelos idénticos de 45 años y sordomudos», murieron tranquilamente por medio de un procedimiento de eutanasia activa y directa.

Cabe indicar que los valientes gemelos, demostrando gran madurez, «pidieron la eutanasia tras enterarse de que era muy probable que quedaran (...) ciegos como resultado de un desorden genético.»[xiii]

La eutanasia pasiva, que es una porquería, es el tercer procedimiento que se utiliza para lograr una muerte médicamente asistida. La eutanasia pasiva es el derecho que tiene el paciente «que padece una enfermedad irreversible y cuyo estado de salud es terminal, de decidir y manifestar su deseo de rechazar procedimientos invasivos a su cuerpo.»[xiv]

En casos como esos uno puede ver que el profesional de la salud, después de obtener la autorización del paciente, le deja de suministrar los medicamentos al paciente gravemente enfermo. También es común que el profesional de la salud, para que –con todos sus dolores y achaques– «muera de forma natural» y dolorosa, le retire al enfermo todos los soportes vitales de hidratación, oxigenación y alimentación.[xv]

Este embeleco llamado eutanasia pasiva, no tiene nada de eutanasia. La eutanasia pasiva no es más que una tortura autoimpuesta por el propio paciente. Recuerde que la palabra eutanasia «viene del griego y significa *'buena muerte'*. Y en este contexto, sus objetivos se cumplen cuando la muerte se induce sin causar dolor o estrés...».[xvi]

Ahora bien, aunque no estoy de acuerdo con la eutanasia pasiva tengo que reconocer que ese doloroso embeleco es parte de los múltiples derechos que tiene todo paciente. De hecho, reconozco que el derecho a la intimidad «protege la inviolabilidad del cuerpo humano y el derecho de las personas a tomar decisiones respecto a éste, particularmente su derecho a decidir sobre su tratamiento médico.»[xvii]

A eso se suma que el sagrado derecho a decidir sobre el tratamiento médico, gústenos o no, le permite al paciente poder rechazar cualquier tipo de «tratamiento médico sin sujeción a condición de salud alguna y aun cuando ello pudiera ocasionar su muerte.»[xviii]

Antes de terminar con el asunto de la eutanasia pasiva, tengo que reconocer que ese tipo de eutanasia puede convertirse en algo útil si se le aplica a un cuerpo humano que esté en estado vegetativo persistente. Cabe recordar que el estado vegetativo persistente es «un estado de inconsciencia en el cual no exista ninguna función cortical o cognoscitiva del cerebro, para el cual no existe una posibilidad realista de recuperación, de acuerdo a los estándares médicos establecidos.»[xix]

Mencionado lo anterior, ahora tengo que decir que existe otro procedimiento para matar a una persona gravemente enferma que, informada y libremente, así lo haya solicitado. Ese procedimiento, que algunos dicen que es diferente a la eutanasia pasiva, yo lo incluyo dentro de la eutanasia pasiva puesto que tiene muchos asuntos relacionados con ese tipo de eutanasia. Voy a explicar esto con más detalle.

En algunos países, aunque haga hervir la sangre de los fanáticos religiosos, existe la eutanasia pasiva llamada la sedación profunda y terminal. El proceso de sedación profunda y terminal –también conocida como sedación profunda hasta la muerte–, que como he dicho pertenece a la eutanasia pasiva, consiste en que el paciente gravemente enfermo, después de haber sido advertido sobre las consecuencias de su decisión, voluntaria y libremente le ordena a su médico: (1) que deje de brindarle tratamiento; (2) que le retire todos los «soportes vitales de hidratación y alimentación»; y (3) que continuamente lo drogue –la droga utilizada tiene que dejar al paciente inconsciente– hasta que sea certificada su muerte.[xx]

Como puede ver, la diferencia entre la eutanasia pasiva y la eutanasia pasiva con sedación profunda está, precisamente, en la sedación continua y profunda. Todo lo demás, como retirar los soportes vitales de oxigenación, hidratación y alimentación, se mantiene intacto.

Además, legalmente hablando, la eutanasia pasiva con sedación profunda (tan profunda que el paciente tiene que quedar inconsciente) también está relacionada con ese derecho que, pese a quien pese, indica que «toda persona adulta con plena capacidad para obrar tiene un derecho a rehusar tratamiento médico aun cuando tal curso de acción pueda conllevar, como consecuencia natural, su muerte.»[xxi] Por todo eso es que, para mí, la sedación profunda hasta la muerte es una eutanasia pasiva.

## § 3

Ningún juez, legislador, policía, alguacil, gobernador, presidente o primer ministro, puede obligar a un galeno a matar, por medio de un procedimiento de eutanasia activa y directa, a un enfermo que libre y conscientemente haya manifestado que desea morir. Al igual que la decisión de morir del enfermo –que tiene que ser libre y voluntaria–, la decisión del galeno de cooperar en el procedimiento de eutanasia activa y directa también tiene que ser libre y voluntaria.

Debido a eso, el médico que participe en el procedimiento de eutanasia activa y directa no tiene que ser el médico que haya estado atendiendo al enfermo que desea morir de manera libre, voluntaria y con asistencia médica. En otras palabras, cualquier médico autorizado a ejercer la

Medicina puede participar en un procedimiento de eutanasia activa y directa.

Ahora bien, el médico que participe en el procedimiento de eutanasia activa y directa, antes de darle muerte al paciente que desea encontrarse con la muerte, tiene que informarle al paciente: (1) sobre la substancia letal que le será inyectada; y (2) sobre las consecuencias que experimentará por culpa de esa potente droga letal.

Esa acción del galeno, que usualmente tiene poca importancia para la persona que desea morir rápida y tranquilamente por medio de un acto de eutanasia activa y directa, es parte del derecho al consentimiento informado. Cabe recordar que «el consentimiento informado es el derecho a la información que tiene el paciente a ser informado y, en respuesta a la información que recibe, dar su aprobación. Es así, la manifestación libre, consciente e inequívoca de la voluntad del paciente.»[xxii]

## § 4

El suicidio asistido (y la eutanasia activa) para pacientes con enfermedades terminales es, indiscutiblemente, un «derecho fundamental.»[xxiii] Por eso estoy de acuerdo con el **Dr. Stephen Hawking**, profesor de la Universidad de Cambridge (en el Reino Unido), cuando dice que las personas «que padecen una enfermedad terminal y sufren mucho dolor deberían tener el derecho de acabar con sus vidas, y aquellos que les ayuden no deberían ser perseguidos por la justicia.»[xxiv]

Ahora bien, el profesional de la salud que le brinde el medicamento mortal al paciente para que sea ese mismo paciente el que se trague o se inyecte la droga mortal, también tiene el deber de informar. En esos casos, el profesional de la salud le informa a la persona que desea morir: (a) qué sustancia le está dando o recetando; (b) cómo se consume (o se inyecta) la substancia letal; y (c) qué efectos tendrá en su cuerpo la sustancia mortal.

## § 5

Toda persona mentalmente competente que padezca un sufrimiento (físico o psicológico) intolerable y permanente, tiene el derecho a morir –ya sea por medio de un suicidio asistido, o por medio de una eutanasia activa y directa– con ayuda médica, aun cuando tal curso de acción conlleve, como consecuencia natural, su muerte.

## § 6

Los jóvenes que estudian Medicina, por lo menos la mayoría, no estudian Medicina por razón de que (principalmente) deseen ayudar a los enfermos. La razón principal para estudiar Medicina, especialmente en los países capitalistas y neoliberales, está basada en interés económico; lo de ayudar a los enfermos (o, mejor dicho, lo de bregar con los dolores y con los sufrimientos de los enfermos) es el camino para obtener dinero, prestigio y bienes lujosos.

Eso no debe sorprender a nadie. Sabemos que la Medicina, especialmente en los países capitalistas, neoliberales y plutocráticos, se ha convertido en un lucrativo negocio. También sabemos que, en estos costosos tiempos en los cuales nos ha tocado vivir, la gran mayoría de los seres humanos está compuesta por personas que juzgan y toman decisiones utilizando, por encima de otros asuntos, el «utilitarismo económico.»[xxv]

Y no se puede olvidar que los jóvenes que estudian Medicina en los indicados países saben que el dinero, que se ha convertido en dios, es el «motor de la economía, valor supremo de la sociedad, medida exclusiva del fracaso y del éxito y, por lo mismo, razón de ser de los destinos individuales.»[xxvi]

Teniendo eso en mente, es triste saber que muchos médicos que se oponen al suicidio asistido y a la eutanasia activa y directa, aunque traten de encubrirlo por medio de estupideces basadas en mitos, ilusiones, sensiblerías e imbecilidades religiosas, basan sus opiniones en intereses económicos.

Esos «médicos-negocio», que tienen oscurecido el sentido de lo justo y lo injusto, desean ganar muchos billetes por medio de los sufrimientos y de las enfermedades de los pacientes gravemente enfermos, especialmente por medio de los pacientes gravemente enfermos que tengan buenos seguros médicos y/o muchos billetes.[xxvii]

Eso, aunque haga hervir la sangre de los profesionales de la salud y de los estudiantes de Medicina, no le debe causar sorpresa a nadie que tenga un buen pensamiento crítico. Puesto que está demostrado que «el afán de riquezas oscurece el sentido de lo justo y lo injusto.»[xxviii]

Es por eso que un galeno que tenga un buen sentido de lo justo y lo injusto, al igual que una buena compresión de la realidad, está a favor de toda ley, de todo proyecto de ley o de toda decisión judicial que, estableciendo ciertas garantías para garantizar que las peticiones para morir con ayuda médica –suicidio asistido o eutanasia activa y directa– sean tomadas de manera libre, informada, voluntaria y deseada, permita que los médicos puedan ayudar a morir a todas aquellas personas mentalmente competentes que, ya sea físico o psicológico, padezcan un sufrimiento «intolerable y permanente y que hayan manifestado claramente su voluntad de acabar con su vida.»[xxix]

## § 7

Uno se sorprende al saber que hay muchos profesionales de la salud que, casi siempre por imbecilidades o por interés económico, se oponen –aunque existan procesos para saber si los deseos de muerte de los pacientes son voluntarios, informados y libres– al suicidio asistido y a la eutanasia activa y directa.

Eso causa sorpresa por razón de que, todo profesional de la salud sabe que si se elimina (o no se reconoce) el derecho a morir con ayuda médica, todos los gravemente enfermos tendrán que gastar muchos billetes para tener que morir en «agonía y en el mayor de los sufrimientos, causando gran angustia a su vez a sus seres queridos.»ˣˣˣ

## § 8

Los libros de Medicina deben ser corregidos. Por medio de esa corrección, se estaría modificando el significado de lo que se entiende por tratamiento médico. Al hacerse esa modificación, tratamiento médico también significaría cualquier tipo de tratamiento, procedimiento o intervención médica que se utilice para que un paciente, según sus deseos y derechos, muera de manera libre, informada, voluntaria y médicamente asistida.

## § 9

Si los políticos, por estar atentos a sus panzas –lo que provoca que siempre estén interesados en apoyar las creencias y los mitos de la morralla– y por apoyar a los mercaderes de la salud que se pasan realizando donativos políticos (también conocidos como inversiones políticas), no permiten que los profesionales de la salud participen en suicidios asistidos ni en eutanasias activas y directas, eso significa que esos políticos pertenecen al lodazal intelectual y social de sus respectivos países.

Es decir, de cierta manera esos políticos actúan y piensan como los mafiosos, como los pornógrafos infantiles, como los narcotraficantes más violentos, como los traficantes de seres humanos y como los listos que ilegalmente reparten billetes para obtener beneficios ilegales.

Digo eso ya que los indicados criminales: (1) siempre están interesados en obtener beneficios –ya sean físicos, sexuales o económicos– a toda costa; y (2) no se inquietan al ver los daños y las consecuencias que les causan a sus víctimas.

En el caso de los mencionados políticos todos sabemos que ellos impiden la eutanasia activa y el suicidio asistido ya que, interesados en obtener votos, aplausos, jugosos salarios y billetes donados (todo lo dicho son beneficios), desean complacer: (1) a los miembros de la morralla que no desean –debido a los mitos y a las imbecilidades religiosas– que se legalice la eutanasia activa ni el suicidio asistido; y (2) a los mercaderes de la salud que saben que los sufrimientos de los pacientes generan muchos billetes.

Y los mencionados políticos hacen eso a pesar de que saben: (1) que sus acciones causan daños; y (2) que todas las personas mentalmente competentes que padezcan un sufrimiento (físico o psicológico) intolerable y permanente –aunque deseen solicitar ayuda médica para morir–, tendrán que pasar sus últimos meses de vida (o sus últimos días de vida) con dolores insufribles y constantes.

    Y no se puede olvidar, por último, que los políticos insensibles y listos que no permiten la eutanasia (activa y directa) ni el suicidio asistido, también saben que si ellos impiden los indicados procedimientos de muerte voluntaria y médicamente asistida, ellos estarían provocando que algunos enfermos –al igual que algunos incapacitados y que algunos ancianos hastiados y adoloridos– tomen la valiente decisión de «suicidarse preventivamente de forma violenta por miedo a no poderlo hacer más tarde.»[xxxi]

# Capítulo dos
# Derecho, eutanasia y suicidio asistido

## § 10

El ser humano, que es agresivo y egoísta por naturaleza, inventó el derecho para darle algo de orden y dirección a la convivencia social. No olvide que el derecho establece «los límites a la tendencia propia del ser humano de comportarse como un lobo con sus semejantes...».[xxxii]

Como parte de ese invento social y momentáneo (digo momentáneo ya que, cuando el planeta sea destrozado no quedarán ni los libros de derecho), está el afamado derecho a la vida.

Nótese que ese derecho, que claramente dice derecho a la vida, no dice obligación de vivir. Eso se realizó (y se mantiene) de esa manera ya que la verdad cruda y llana siempre ha enseñado que el derecho a la vida no puede «convertirse en una obligación de vivir.»[xxxiii] Por razón de que todo ser humano, si lo desea, puede acabar con su banal y corta existencia por medio de una muerte voluntaria (suicidio).

Lo que hace el derecho a la vida, entre otros asuntos, es darle al ser humano varios documentos en los que se dice que nadie podrá quitarle la vida de manera injusta. Además, el derecho a la vida le da al ser humano varios documentos –entre ellos opiniones judiciales– que le dicen que el Gobierno (se supone) no podrá quitarle la vida sin un debido proceso de ley.

Debo aclarar que no utilicé la palabra garantía ya que, como se sabe, millones de personas han sido injusta y abusivamente matadas por gobiernos despóticos y por gobiernos supuestamente democráticos. También sabemos que millones de inocentes, a lo largo y ancho de la historia, terminaron suicidándose por culpa de unos incompetentes sistemas de justicia que hicieron todo lo posible para injustamente encarcelarlos.

## § 11

El derecho a la intimidad se lesiona, entre otras instancias, cuando el Estado impide que una persona con una enfermedad catastrófica pueda morir por medio de un suicidio asistido o por medio de una eutanasia activa y directa.

## § 12

Si un enfermo desea utilizar su derecho a morir con ayuda médica –suicidio asistido o eutanasia activa y directa–, nadie puede impedírselo. Dentro del derecho existe lo que se llama el derecho a la intimidad, y ese derecho a la intimidad le impone a toda persona (incluyendo a los legisladores, a los jueces y a los gobernadores) «el deber de no inmiscuirse en la vida privada o familiar de los demás seres humanos.»[xxxiv]

Y como el asunto de morir por medio de una muerte libre, voluntaria, informada y médicamente asistida –ya sea por medio de una eutanasia activa y directa, o por medio de un suicidio asistido– es un asunto privado y personalísimo del angustiado enfermo, el Estado no puede interferir con ese íntimo y último deseo.

## § 13

El derecho, a pesar de que tiene muchísimos asuntos malos –como las leyes y las decisiones judiciales que permiten que los analistas de las agencias de inteligencia, sin tener motivos fundados para creer que se hayan cometido actos delictivos, puedan ver los datos almacenados en las computadoras y en los teléfonos multiusos–, tiene muchísimos asuntos muy buenos. Uno de esos buenos asuntos, al menos para mí, es el principio de la autonomía.

Tenga en cuenta que «el principio de la autonomía en la toma de decisiones personales importantes, es una de las vertientes del derecho a la intimidad.»[xxxv] Debido a eso, toda persona mentalmente competente tiene completa libertad para tomar decisiones personales e importantes sin que nadie le moleste e interfiera. Es por eso que toda persona mentalmente competente que padezca un sufrimiento (físico o psicológico) intolerable y permanente, puede –por ser parte de su derecho a la intimidad– tomar la personal e importante decisión de –ya sea por medio de un suicidio asistido o por medio de una eutanasia activa y directa– morir con ayuda médica.

## § 14

Todo el mundo habla de los derechos fundamentales. De hecho, constantemente escuchamos que se habla de proteger los derechos fundamentales. También vemos que muchos grupos les piden a los gobiernos que dejen de lesionar sus derechos fundamentales. Así, por ejemplo, constantemente vemos que se le pide al Gobierno que deje de utilizar las porras, los puños, las piernas y los músculos de los policías para impedir o dificultar la libre protesta y la libre expresión en lugares públicos.

Pues bien, cuando se esté hablando sobre derechos fundamentales es obligatorio hablar sobre el derecho a morir –ya sea por medio de un suicidio asistido, o por medio de una eutanasia activa y directa– con ayuda médica. De hecho, toda lista que se haga sobre derechos fundamentales tiene que tener el derecho a la muerte asistida en beneficio de personas mentalmente competentes que padezca un sufrimiento (físico o psicológico) intolerable y permanente. De lo contrario, dicho listado estaría incompleto.

Sostengo eso ya que no se puede «pensar en un derecho más fundamental, más privado o más integral a la libertad, la seguridad y la felicidad (...) que el derecho de un paciente mentalmente competente pero gravemente enfermo de solicitar asistencia para morir.»[xxxvi]

## § 15

La decisión de morir de forma voluntaria y médicamente asistida –ya sea por culpa de una grave enfermedad, por culpa de una condición física o por culpa de los achaques y dolores de la asquerosa vejez–, es una decisión íntima de cada ser humano. Es ese valiente ser humano el que, después de que esté informado y consciente de las consecuencias de su decisión, puede íntimamente decidir si termina con su comedia humana llamada vida dolorosa.

En casos como esos, ni los familiares ni los gobiernos (ni el estatal, ni el municipal, ni el federal) pueden intervenir con los deseos de la valiente persona. Lo más que puede hacer el Gobierno, en los casos de eutanasia activa y directa y en los casos de suicidio asistido, es asegurarse de que la decisión del valiente ser humano que desea morir fue tomada de manera informada, libre, voluntaria y deseada.

Si el Gobierno impide una deseada eutanasia activa y directa o un deseado suicidio asistido, a pesar de haber visto que la decisión del valiente y humilde enfermo que desea asistencia médica para morir fue libre y voluntariamente tomada, el Gobierno estaría lesionando el derecho de intimidad del indicado paciente. A eso se suma que el Gobierno, por medio de esa grave lesión al derecho de intimidad, estaría convirtiendo la existencia del paciente en un dantesco infierno.

Digo eso ya que el «derecho de intimidad se lesiona, entre otras instancias, cuando se limita la facultad de un individuo de tomar decisiones personales, familiares o íntimas.»[xxxvii] Y no hay decisión más personal e íntima que la voluntaria, libre y valiente decisión de morir, especialmente por medio de algún tipo de ayuda médica.

## § 16

El derecho, para enojo de los moralistas, claramente establece que todo mono humano tiene «el derecho a decidir sobre su propio cuerpo.»[xxxviii] Gracias a ese derecho, todo adulto mentalmente competente puede –entre otras acciones–: (a) permitir que un artista le haga varios tatuajes; (b) comer alimentos dañinos; (c) meterse objetos largos y gruesos en su ano; (d) masturbarse; (e) cortarse las orejas; (f) pintarse el pelo; y (g) participar en orgías sexuales con adultos llenos de enfermedades de transmisión sexual.

Ahora bien, un análisis más profundo revela que ese derecho a decidir sobre el propio cuerpo permite que todo ser humano, por razón de enfermedad física –incluyendo vejez– o por razón de condición mental grave (alzhéimer, párkinson, demencia o depresión severa), pueda someterse a un procedimiento de eutanasia activa y directa o a un procedimiento de suicidio asistido.

Someterse a un procedimiento de eutanasia activa y directa o a un procedimiento de suicidio asistido, además de estar relacionado con el derecho a la dignidad y con el derecho a la intimidad, está estrechamente ligado al derecho a decidir sobre el propio cuerpo y, sobre todo, con esa palabrita llamada libertad.

## § 17

El derecho a la dignidad, que establece que la dignidad del ser humano es inviolable, permite la eutanasia activa y directa y el suicidio asistido. Digo eso ya que el derecho a la dignidad, para consuelo de unos y enojo de otros, «se manifiesta en la autodeterminación consciente y responsable de la propia vida y (...) lleva consigo la pretensión al respeto por parte de los demás.»[xxxix]

En segundo lugar el derecho a la dignidad, que está apretadamente relacionado con la autodeterminación consciente y responsable de la propia vida, es un derecho fundamental y humano que acompaña a cada ser humano «hasta la última etapa de la vida, que es la muerte.»[xl]

Y en tercer lugar el derecho a la dignidad, al permitir la autodeterminación consciente y responsable de la propia vida, permite la autodeterminación consciente y responsable de la propia muerte. Ello en vista de que la muerte es parte indispensable de toda existencia humana, a extremo de que «la muerte está incluida en el programa vital» de todos los seres humanos «desde el nacimiento.»[xii]

## § 18

Los políticos –la gran mayoría–, especialmente en los países cuasi democráticos (recuerde que la democracia no existe) en los que se prohíbe la muerte médicamente asistida –el suicidio asistido y la eutanasia activa y directa–, representan un enorme e innecesario gasto para el explotado pueblo. Esos listos seres, que usualmente viven mejor que los científicos, utilizan la mayor parte del tiempo laboral para realizar acciones innecesarias, improductivas y populacheras.

Es por eso que, a nivel mundial, es común que los políticos utilicen muchas horas laborales: (a) para participar en eventos públicos (con muchos fotoperiodistas y reporteros) en los que se regalan neveras, estufas, juguetes, billetes y homenajes; y (b) para participar en fiestas de pueblo. También es común que los políticos utilicen muchas horas laborales para escribir proyectos de ley que son, por decir lo menos, chatarras intelectuales.

Lo más lamentable es que, mientras los políticos hacen todo lo anterior hay muchísimas personas –tanto en los hospitales como en las residencias– que están innecesariamente sufriendo: (a) por culpa de dolores insoportables relacionados con enfermedades catastróficas; o (b) por culpa de una asquerosa y adolorida vejez. Escribí innecesariamente ya que muchas de esas personas, si el derecho lo permitiera, utilizarían la muerte medicamente asistida para darle un final tranquilo, voluntario, deseado e informado a su corta y banal existencia.

En fin, es hora de que todos los legisladores dejen de complacer a la morralla y a los religiosos embrutecidos, y –teniendo en consideración a los valientes que desean morir por culpa de los malditos e insoportables dolores– aprueben la muerte médicamente asistida.

Lo menos que pueden hacer los políticos, si es que el embrutecimiento social es demasiado elevado y no desean comprometerse demasiado, es permitir que un profesional de la salud prescriba medicación «a solicitud de un paciente competente que tenga una enfermedad terminal, para que dicho paciente pueda auto administrarse esa medicación para ayudarse en el proceso de tener una muerte digna.»[xlii]

## § 19

Existe, en asuntos relacionados con la salud, el derecho a la autodeterminación. Ese derecho a la autodeterminación le permite a todo paciente decidir, libremente, lo que debe hacerse «con su cuerpo.»[xliii]

Y como todo paciente tiene el derecho a libremente decidir lo que debe hacerse con su frágil y enfermo cuerpo, eso significa que todo paciente mentalmente competente pero gravemente enfermo (y no tiene que sufrir de una enfermedad terminal) puede tomar la decisión de morir por medio de un suicidio asistido o por medio de una eutanasia activa y directa.

## § 20

Todo paciente que no esté loco y que esté gravemente enfermo, nos guste o no, tiene el derecho a solicitar asistencia médica para morir, aun cuando tal curso de acción pueda conllevar, como consecuencia natural, su muerte.

Eso, aunque haga hervir la sangre de los fundamentalistas y de los quiméricos paladines de la vida, proviene de ese sagrado derecho que establece que todo ser humano puede «tomar decisiones respecto a la intervención médica a la que habrá de someterse.»[xliv]

## § 21

Como sabemos, el derecho establece que «la dignidad del ser humano es inviolable.»[xlv] Gracias a ese importantísimo derecho, todo ser humano puede realizar acciones para evitar ser víctima de la indignidad y de los abusos. Pues bien, como el sufrimiento (físico o psicológico) intolerable y permanente afecta la dignidad de todo ser humano, todo paciente mentalmente competente pero gravemente enfermo puede evitar su situación de indignidad por medio de una muerte médicamente asistida.

A eso se añade que el paciente mentalmente competente pero gravemente enfermo, como parte de su derecho a la intimidad y como parte de su derecho a la dignidad, puede tomar acciones legales para que el Estado le permita terminar con su dolorosa e indeseable indignidad por medio de una muerte médicamente asistida.

En casos como esos, el Estado no puede prohibirle a la valiente persona (que ha llegado a la conclusión de que sus dolores son indignos) conseguir su tan anhelada muerte por medio de la muerte –suicidio asistido o eutanasia activa y directa– médicamente asistida. Ello es así ya que el Estado, que sabe que «mantener con vida a alguien en contra de sus mismos deseos es la última forma de indignidad», no puede (ni por acción ni por omisión) violar el derecho a la dignidad.[xlvi]

## § 22

Cruel e inhumano es todo juez que impida que un tetrapléjico pueda beneficiarse de una muerte deseada y médicamente asistida.

## § 23

El derecho a la dignidad se lesiona, entre otras instancias, cuando el Estado impide que una persona –mentalmente capacitada– con una enfermedad catastrófica pueda, de manera libre e informada, morir por medio de un suicidio asistido o por medio de una eutanasia activa y directa.

## § 24

Toda persona adulta, enferma y con plena capacidad para obrar, tiene el derecho a morir con ayuda médica –suicidio asistido o eutanasia activa y directa– aun cuando tal curso de acción conlleve, como consecuencia natural, su muerte. Ahora bien, el Estado puede reglamentar algunos asuntos relacionados con el derecho a morir –ya sea por medio de un suicidio asistido, o por medio de una eutanasia activa y directa– con ayuda médica.

Así, por ejemplo, el Estado puede pedir que toda solicitud que esté relacionada con el derecho a morir con ayuda médica –suicidio asistido o eutanasia activa y directa– se realice por escrito y, sobre todo, en presencia de varios testigos competentes. Además, el Estado puede pedir que se le demuestre que la solicitud de ayuda médica para morir fue presentada de manera «libre, autónoma y reiterada, es decir, que la voluntad esté clara y basada en una acreditada capacidad de discernimiento.»[xlvii]

## § 25

Sabemos que todo ser humano –pero en mayor medida los gravemente enfermos, los adoloridos viejos y los que sufren por culpa de un sufrimiento (físico o psicológico) intolerable y permanente– tiene el derecho a morir (ya sea por medio de un suicidio asistido o por medio de una eutanasia activa y directa) con ayuda médica.

También sabemos que el suicidio asistido y la eutanasia activa y directa son actos morales, buenos, éticos y necesarios. De hecho, no se puede negar que la muerte libre, voluntaria, informada, deseada, documentada y médicamente asistida (tanto la eutanasia activa y directa como el suicidio asistido), para muchísimas personas, es una opción «bella, emocionante, heroica...».[xlviii]

Pues bien, debido a todo lo antes indicado es necesario tener en cuenta que toda persona puede redactar un testamento vital o un documento de voluntad anticipada. Y en ese importantísimo documento la persona puede, de manera anticipada y consciente, autorizar que se le aplique la eutanasia activa y directa en caso de enfermedad o accidente. También la persona puede autorizar que, en caso de enfermedad o accidente, se le aplique la eutanasia pasiva con sedación profunda hasta la muerte.

Toda persona puede hacer lo antes mencionado ya que «la figura jurídica de las voluntades anticipadas o testamento vital tiene como fundamento el valor de la dignidad humana, de la autonomía y del derecho de toda persona a la autodeterminación; además de ser una modalidad del principio del consentimiento informado.»[xlix]

Es importante tener claro que el documento de voluntad anticipada –también conocido como directrices anticipadas del paciente y como testamento vital– del paciente, no puede ser utilizado para autorizar el suicidio asistido. Recuerde que en todo acto de suicidio asistido es el propio enfermo el que, libre y voluntariamente, consume el medicamento letal que le causará la pacífica, buena y deseada muerte.

También recuerde que la finalidad del documento de voluntad anticipada –también conocido como directrices anticipadas del paciente y como testamento vital– del paciente, «es suplir el consentimiento informado cuando las circunstancias no permitan al paciente expresar personalmente su voluntad.»[l]

## § 26

Cualquier persona mayor de edad y en pleno disfrute de sus facultades mentales puede expresar, en cualquier momento, su voluntad anticipada sobre el procedimiento eutanásico (eutanasia activa, eutanasia pasiva o eutanasia pasiva con sedación profunda hasta la muerte) que deberá serle aplicado en caso de sufrir una condición de salud terminal o en caso de terminar en estado vegetativo persistente.

## § 27

Todo adolescente –que no esté loco– puede expresar, en cualquier momento y ante varios testigos, su voluntad anticipada sobre el procedimiento eutanásico (eutanasia activa, eutanasia pasiva o eutanasia pasiva con sedación profunda hasta la muerte) que deberá aplicársele en caso de sufrir una condición de salud terminal o en caso de terminar en un estado vegetativo persistente.

## § 28

«El mundo es el infierno, y los hombres se dividen en almas atormentadas y diablos atormentadores.» Y para todos los enfermos que desean morir por medio de un suicidio asistido o por medio de una eutanasia activa y directa, los jueces, los legisladores, los cabilderos y los gobernantes que no permiten la legalización de las indicadas maneras de morir son, francamente y a todas luces, sus diablos atormentadores.

## § 29

Todo el mundo sabe que un Tribunal Supremo tiene el poder: (1) para arreglar la imbecilidad del legislador; y (2) para dejar sin efecto una imbecilidad que haya sido aprobada por el legislador y firmada por el gobernante. Lo mismo se puede decir de un Tribunal Constitucional competente.[ii] Pues bien, si los jueces de un Tribunal Supremo o de una Corte Constitucional impiden que la gente pueda beneficiarse del suicidio asistido o de la eutanasia activa y directa, dichos jueces se convierten en los diablos atormentadores de todas las personas adoloridas y gravemente enfermas que, sin ningún titubeo, desean morir con tranquilidad y con asistencia médica.

## § 30

En toda biblioteca jurídica de un tribunal, existen libros y bases electrónicas de datos para apoyar o rechazar un asunto que deba resolverse jurídicamente. Es por eso que, en este siglo XXI, no hay excusas para que los jueces, convirtiéndose en diablos atormentadores, impidan que las personas mentalmente competentes que padezcan un sufrimiento —físico o psicológico— intolerable y permanente y que hayan manifestado claramente su voluntad de acabar con su vida, puedan beneficiarse del suicidio asistido o de la eutanasia activa y directa.

Si los jueces impiden lo antes mencionado, como he dicho, se estarían convirtiendo en los diablos atormentadores de los pacientes adoloridos y gravemente enfermos. Además, no se puede negar que esos togados también se estarían convirtiendo en los diablos atormentadores de los familiares y de los amigos cercanos de los aludidos pacientes.

## § 31

Diablo atormentador es todo juez que, utilizando estratagemas legales o chifladuras morales, impida que puedan solicitar y recibir asistencia médica para morir: (a) los enfermos terminales; (b) los enfermos que sufran de una enfermedad degenerativa; y (c) los tetrapléjicos.

## § 32

En estos días que vivimos, en los que muchos altos funcionarios públicos dicen y enseñan que es bueno matar bajo ciertas circunstancias, existen fundamentos suficientes para sostener, «tanto desde el punto de vista de una ética laica como desde el legal», que todas las personas tienen «el derecho a disponer de la propia vida.»[iii] Es por eso que yo, que soy un banal parasito dentro de este enorme e infinito universo, estoy a favor de la eutanasia activa y directa y del suicidio asistido.

Ahora bien, mi visión de la muerte médicamente asistida es sumamente amplia. Así, por ejemplo, yo creo que no es mala idea utilizar la muerte médicamente asistida –la eutanasia activa y directa y el suicidio asistido– cuando la propia existencia, por culpa de cualquier tipo de enfermedad, por culpa de cualquier condición de salud (ceguera, depresión, sordera, vejez, debilidad, entre otras) o por culpa de cualquier accidente (por ejemplo, perder los brazos en un accidente de carro), se haya convertido en un asunto indeseable e insoportable.

También creo que una persona físicamente sana, ya sea por tristeza extrema o por el simple hecho de estar cansada de vivir, debe tener disponible el suicidio asistido. Por eso estoy de acuerdo con el abogado Ludwig Minelli, fundador de la clínica Dignitas, cuando dice que la «capacidad para tomar la decisión de terminar con la vida [por medio de un suicidio asistido] también debe aplicarse a una persona sana.»[liv]

Ahora bien, estoy consciente de que el nivel de aceptación sobre el asunto de la muerte deseada y médicamente asistida es, y seguirá siendo, «diferente en cada país.»[lv] Por eso sé que en algunos países o estados, como en Suiza, existirá el suicidio asistido para algunos casos, mientras que en otros pocos países –como en Bélgica– se permitirá la eutanasia activa y directa en algunos casos.

También reconozco que todos los países tienen el deber y el poder para, según sus mitos y sus creencias, detalladamente regular todo tipo de muerte médicamente asistida.

Es por eso que, aunque deseo que todo país permita la eutanasia activa de manera amplia y el suicidio asistido de manera amplia (para muchas condiciones y para muchas enfermedades), favorezco que todo país que permita la muerte deseada y médicamente asistida –la eutanasia activa y directa o el suicidio asistido– establezca varios «mecanismos de control para asegurar que la persona enferma, genuinamente, quiera acabar con su vida y no sea presionada u obligada a tomar esta decisión sin su consentimiento.»[M]

## § 33
El suicidio asistido tiene como fundamento el valor de la dignidad humana, de la autonomía y del derecho de toda persona a la autodeterminación.

## § 34
Cruel e inhumano es todo juez que impida que un enfermo terminal pueda beneficiarse de una muerte médicamente asistida.

# Capítulo tres
# La vida y el derecho a morir con ayuda médica

### § 35

Debe quedar claro que el único propósito del ser humano, propósito que le viene dado con su corta y banal existencia, es morir. Es por eso que, desde hambrientos hasta milmillonarios, todo ser humano tiene que estar consciente de que su efímera vida es un corto «camino hacia la muerte.»[lvii]

### § 36

Usted no vale nada dentro de este enorme universo. A eso se suma que, fríamente analizada, la existencia humana tampoco vale nada en este enorme universo: (1) que se encargará de matar a todos los seres humanos; y (2) que destrozará el planeta Tierra. Todo eso significa que las inventadas creencias sociales sobre la vida humana, como el mito que sostiene que la vida humana es bonita –y como el mito que sostiene que la vida humana tiene gran valor–, no son más que unos malditos mitos. Cabe recordar que un mito, como el mito de que la vida humana tiene gran valor, es una «cosa a la cual se le han atribuido determinadas cualidades, características o excelencias que carecen de fundamento o que son deliberadamente falsas.»[lviii]

## § 37

Ningún ser humano, dentro de este enorme universo que tiene billones de galaxias, es indispensable o importante. A eso se suma que el *Universo* (con mayúsculas, ya que vivimos dentro de ese enorme lugar) puede existir sin usted, sin mí y, sobre todo, sin ningún ser humano. Y dentro de este pequeño planeta que está «plagado de miseria»,[lix] nadie es importante o indispensable. Es por eso que «cuando las vigas se rompen, se reconstruyen; y cuando los hombres mueren, se los sustituye.»[lx]

Todo eso demuestra que la existencia humana, que es corta e insignificante, no es un deber (ni es importante) dentro de este enorme universo ni dentro de este pequeño planeta. Por eso se puede decir que la idea mundial que sostiene que la vida humana debe ser protegida por ser algo dizque valioso es, además de un mito, un inventado derecho.[lxi] Y como eso es así cada ser humano, por ser el dueño de su derecho a la corta vida, puede disponer de ese derecho como le dé la gana.

Es decir, todo ser humano puede vivir su corta vida hasta que le llegue su muerte natural (aquí incluyo la muerte causada por accidentes) o, si lo desea, puede renunciar a su derecho a la vida (y a los mitos) para conseguir una muerte voluntaria, libre y deseada. Cabe recordar que, como parte de la muerte voluntaria y libre está «la muerte médicamente asistida.»[lxii]

## § 38

Una persona medianamente ilustrada sabe que todo adolorido y cansado paciente, especialmente si está cerca de la muerte por culpa de una grave enfermedad, «tiene derecho a exigir y obtener una atención sanitaria capaz de proporcionarle una muerte sin padecer sufrimientos evitables.»[lxiii]

Por eso se puede decir que desfavorecer el suicidio asistido y/o la eutanasia activa y directa, especialmente si se han creado varios procedimientos legales y médicos para averiguar si los deseos de muerte asistida –por parte de las valientes personas– son reales, voluntarios, libres, informados y anhelados, es «una irracionalidad propia de una mentalidad primitiva.»[lxiv]

Sin embargo, los tarugos que han sido embrutecidos por los mitos y por las chifladuras religiosas se pasan diciendo que todo acto de muerte voluntaria –eutanasia activa y suicidio asistido– debe ser prohibido. Muchos de esos tarugos, para sustentar sus imbéciles opiniones, expresan razones que están relacionadas con las chifladuras religiosas, mientras que muchos otros hablan sobre la moral (que es un invento), sobre lo lindo que es la vida, entre otras cursilerías.

Todos esos tarugos que se oponen a la muerte voluntaria y con asistencia profesional, tienen que entender que todo ser humano existe «para morir.»[lxv] Debido a eso, tienen que entender que es totalmente irrelevante que traigan a la discusión cualquier tipo de cursilería o cualquier tipo de mito que esté relacionado con la breve existencia.

Además, esos fanáticos tienen que entender que toda existencia humana «no es más que un trozo algo más largo que el presente y como tal totalmente pasajera.»[lxvi]

Por consiguiente, si existimos para morir y si nuestra banal existencia es totalmente pasajera, no hay ninguna razón para criticar a las personas que hayan tomado (o que estén considerando) la decisión de morir con asistencia médica. Lo que deben hacer los fanáticos de la vida, en primer lugar, es tener en cuenta que ellos también están en la lista de espera de la muerte.

También deben tener en cuenta esos fanáticos de la vida, que ningún ser humano – menos los dictadores, los abusadores de niños, los políticos corruptos, los asesinos en serie, los torturadores de las agencias de inteligencia, entre otros viles desgraciados– merece morir con un sufrimiento permanente e intolerable.

## § 39

Sabemos, en estos días que vivimos, que «no puede haber verdadera filosofía al margen de la ciencia.»[lxvii] Pues bien, debido a que múltiples informes, artículos y análisis científicos han demostrado que muchos enfermos en etapa terminal, especialmente en países en los que no se ha legalizado la ayuda médica para morir, suelen tener un «proceso de muerte largo, doloroso y humillante»,[lxviii] un buen filósofo está a favor del suicidio asistido y de la eutanasia activa y directa.

## § 40

La existencia humana «carece de sentido.»[lxix] Es por eso que cada ser humano, agarrándose de los mitos, de los cuentos y de todos los asuntos que han sido inventados por la sociedad, tiene que darle un falso, personal y momentáneo sentido a su propia existencia. Y eso lo tiene que hacer para que, hasta que le llegue el día de su muerte y de su putrefacción, pueda mantenerse entretenido y ocupado.

A lo dicho se le suma el hecho de que, gústenos o no, la existencia humana le brinda a todos los seres humanos, hasta el día de la muerte y de la putrefacción, una dosis permanente de sufrimiento. Es por eso que, bien mirada, «la existencia humana expresa con suficiente claridad que el sufrimiento es su verdadero destino.»[lxx]

Cabe recordar que como parte de ese sufrimiento permanente, están las preocupaciones de todo tipo. Desde que el ser humano alcanza –por dar una edad– la adolescencia, su corta existencia permanentemente se llena de estrés y de preocupaciones. Debido a eso, todo ser humano mentalmente competente está obligado a tener que lidiar con preocupaciones por el resto de sus días. Y digo que todos tenemos que lidiar con preocupaciones hasta que alcancemos la muerte ya que, sin importar el nivel socioeconómico, «tras el alivio por un final feliz de una gran preocupación que nos oprimía, pronto aparece otra en su lugar.»[lxxi]

Como puede ver, además de nacer, vivir y morir sin un sentido superior: (a) nacemos sufriendo y llorando; (b) vivimos con sufrimientos y con preocupaciones; y (c) envejecemos con sufrimientos, preocupaciones y dolores. Y no se puede negar que, como regla general, nos enfrentamos al proceso de muerte con dolores, con sufrimientos y con preocupaciones.

Ante ese panorama tan tétrico lo mejor que podemos hacer, hasta que llegue la muerte, es realizar todos los esfuerzos que sean necesarios para «hacer la vida lo más cómoda que se pueda.»[lxxii] Para tratar de alcanzar esa comodidad, lo menos que podemos hacer es sacarle el cuerpo al matrimonio y a los hijos. También debemos: (1) rechazar el consumismo y el materialismo; (2) utilizar el corto tiempo libre para estudiar, leer y aprender; y (3) abrazar la soledad atareada.

Dicho eso –y teniendo en cuenta que este pequeño libro está relacionado con la muerte–, debe notar que escribí líneas arriba la palabra muerte. Pues bien, como la grandiosa muerte es parte indispensable de la vida eso significa que tenemos que hacer todo lo posible para que nuestro proceso de muerte sea lo más cómodo posible.

Para lograr eso, tenemos que apoyar el suicidio asistido y la eutanasia activa y directa. Y tenemos que apoyar el suicidio asistido y la eutanasia activa y directa ya que, si no tenemos la suerte de que la muerte nos tome rápidamente (por ejemplo, por medio de un infarto masivo o por medio de un escopetazo en la cabeza), el proceso de muerte natural suele ser lento, doloroso y, en muchos casos, indignante. Y un proceso de muerte como el descrito viola la enseñanza filosófica que, como escribí antes, nos enseña que tenemos que hacer todo lo posible para que nuestra vida y nuestro proceso de muerte sean, según nuestras circunstancias, los más cómodos posibles.

## § 41

Sabemos que la depresión, «en la mayoría de los casos, proviene de una interacción entre una predisposición genética y factores ambientales, como el estrés y los traumas emocionales.»[lxxiii]

También sabemos, gracias a la ciencia, que algunos depresivos, con la ayuda de medicamentos y con la ayuda de profesionales de la conducta humana, pueden recuperarse de la depresión. Ahora bien, también sabemos que muchas personas no pueden recuperarse de la depresión.

Pues bien, creo que toda persona que sufra de depresión severa debe tener disponible –si de manera reiterada ha manifestado su deseo de morir– la opción de la muerte médicamente asistida. También creo que toda persona mentalmente competente que padezca un sufrimiento psicológico intolerable y permanente, y que haya manifestado claramente su voluntad de terminar con su vida, debe ser ayudada a morir.[lxxiv]

También creo que todo ser humano «tiene el derecho a morir cuando ya no tiene ninguna esperanza de seguir llevando a cabo lo que, según su entender, es una existencia humana.»[lxxv] Es por eso que, por ejemplo, si un compositor pierde la vista y no puede seguir componiendo, ese compositor debe ser ayudado a morir: (1) si él entiende que desea morir con asistencia médica; y (2) si él entiende que no puede seguir cargando con su existencia por motivo de que perdió el artificial y corto propósito que se le había dado.

    Otro buen ejemplo sería una persona saludable (como un deportista profesional o un actor de cine y de televisión) que, por un grave accidente o por una severa enfermedad degenerativa, termine con graves y permanentes impedimentos. Si esa persona, como consecuencia de lo antes indicado, desea morir por razón de que entiende que su artificial propósito de existencia (todo propósito de vida es artificial, personal y momentáneo, ya que el único propósito natural del ser humano es la muerte) ha desaparecido, esa persona debe ser ayudada a morir con asistencia médica.

    Lo arriba escrito, me ha hecho recordar un caso que ocurrió en Suiza. Allí, allá por 2008, el exjugador de rugby *Daniel James*, después de haber sufrido una grave lesión que lo «dejó paralítico del cuello para abajo», murió tranquilamente después de haber autorizado su muerte por medio de un proceso de muerte libre, voluntaria y médicamente asistida.

    Cabe señalar que el valiente y ejemplar Daniel, a pesar de su tristeza y de su desencanto, siempre demostró –después de la lesión– que deseaba terminar con su corta existencia. Constantemente decía Daniel que su fastidiado «cuerpo se había convertido en una prisión, que sentía miedo» y que odiaba su «vida cotidiana.»[lxxvi]

Como ha podido leer, lo discutido está relacionado con personas tristes, depresivas, hastiadas y, sobre todo, desencantadas con todas las mierdas que ocurren dentro de este planeta. Debido a eso, sospecho que muchos dirán que esas personas necesitan asistencia –si tienen los billetes y los seguros médicos– por parte de psicólogos y siquiatras. Pues bien, les contesto a esas personas que estoy de acuerdo con el hecho de que los tristes, los depresivos, los hastiados y los desencantados, en primer lugar, deben buscar ayuda profesional.

Ahora bien, la decisión de buscar y recibir ayuda por parte de psiquiatras y de psicólogos le pertenece a cada una de esas atormentadas personas.

Si las mencionadas personas –los tristes, los depresivos, los hastiados, los desencantados y los extremadamente angustiados– no desean buscar ayuda por motivo de que, conociendo las secuelas, están seguras de querer encontrarse con la muerte, y así lo manifiestan en los múltiples documentos que se pueden y deben utilizar para averiguar y garantizar la voluntariedad de la decisión de morir de manera asistida, deben ser ayudadas a morir con asistencia médica.

Recuerde, nuevamente, que «la vida es un derecho, no un deber.»[lxxvii] Y como eso es así, tan claro como el agua, los tristes, los depresivos, los hastiados, los extremadamente angustiados y los desencantados pueden renunciar, después de firmar todos los documentos legales y médicos que sean razonablemente necesarios, al derecho a la vida por medio de una muerte médicamente asistida.

También recuerde, una vez más, que todo ser humano –aunque esté triste, depresivo, hastiado, desencantado o extremadamente angustiado– «tiene el derecho a determinar qué hacer con su cuerpo.»[lxxviii] Y eso incluye, por supuesto, someter su banal, mortal y frágil cuerpo a una muerte voluntaria, informada, asistida y –para que todo esté claro– documentada.

Dicho eso, tengo que decir que a pesar de que favorezco que toda persona le pida ayuda a un psicólogo o a un siquiatra cuando lo entienda necesario, la realidad es que no se puede hacer mucho para eliminar la tristeza, el desencanto y el hastío.

Digo eso ya que la mayoría de los seres humanos, «por no decir todos, están constituidos de tal suerte que no podrían ser felices (...).»[lxxix] Por eso siempre he sostenido, a pesar de que muchos lo tratan de esconder por medio de los embustes que dicen y por medio de los embustes que escriben en los medios sociales, que la tristeza es el estado natural de todo ser humano.

También es muy difícil que se pueda eliminar la tristeza, el desencanto y el hastío ya que la existencia, cuando es mirada sin mitos y sin chifladuras sociales, «es cruel y despiadada, dolorosa cuando quita y tacaña cuando concede. [Y] sentirse contento con una realidad así es llana imposibilidad.»[lxxx]

En el caso de los seres –que usualmente están hastiados, cansados, tristes, aborrecidos y desencantados– que desean morir por estar sufriendo por culpa de esa intolerable y permanente depresión que no se puede curar ni con pastillas ni con consejería psicológica, soy de la opinión de que el suicidio asistido y la eutanasia activa y directa son buenas maneras para terminar con los intolerables y permanentes sufrimientos de esas personas.

Ello, en primer lugar, por razón de que la muerte siempre ha sido la mejor manera para terminar con las depresiones, con las deudas, con las enfermedades, con los dolores (físicos y psicológicos) intolerables y permanentes y, sobre todo, con todos los aspectos negativos que están relacionados con la existencia humana. Por eso estoy de acuerdo con **Giacomo Leopardi** cuando escribe que «la muerte no es un mal, puesto que libera al hombre de todos los males y (...) le quita los deseos.»[lxxxi]

También creo que la asistencia para morir es la mejor alternativa para los indicados depresivos por razón de que, como ha enseñado la realidad, «cuando el desencanto hace crisis, cuando el Padrenuestro y el *Prozac* pierden la efectividad, cuando ni el conformismo invita a vivir, (...) la muerte se alza como el único trago a apurar.»[lxxxii]

Por último, tengo que decir que también se justifica la utilización de la eutanasia activa, al igual que el suicidio asistido, para los depresivos y para los que padecen sufrimientos psicológicos intolerables y permanentes ya que, a las claras y sin rodeos, la existencia de esas personas (al igual que la existencia de todos los seres humanos) no vale nada.

Digo eso ya que «cada individuo, cada rostro humano con su existencia, no es más que un breve ensueño más de la naturaleza infinita (...) que deja subsistir por un instante mínimo para borrarlo y dar lugar a otros.»[lxxxiii]

# Capítulo cuatro
# La muerte asistida es un acto bueno y necesario

### § 42

Está de moda hablar sobre compasión y generosidad. Se dice que hay que mostrar compasión y generosidad para con las personas pobres y hambrientas que hay por doquier. Hasta existen anuncios de televisión y de radio, como los anuncios del Ejército de Salvación, que nos exhortan a cooperar con los necesitados.

También se dice que debemos ser compasivos y generosos con los animales no humanos. De hecho, se nos dice que los animales no humanos que estén gravemente enfermos deben ser llevados a clínicas para animales a fin de que un veterinario determine, debido al sufrimiento del animal no humano, si el animal no humano está mejor muerto que vivo.

Pues bien, les digo a todos esos paladines de la generosidad, de la compasión y de la sensiblería –la mayoría no son más que unos simples paladines de sofá y de Facebook–, que ayudar a morir a un ser humano enfermo, cansado y adolorido que desea –por medio de la ayuda médica para morir– largarse de este valle de hipócritas, imbéciles, estúpidos, corruptos, adictos, asesinos, embusteros, pornógrafos infantiles, ladrones y líderes religiosos, también es, por decir lo menos, un acto que demuestra «compasión y generosidad.»[lxxxiv]

## § 43

Todo el mundo habla de la dignidad. Así, por ejemplo, millones dicen –con razón– que todo acto gubernamental y discriminatorio contra la comunidad lésbica, gay, bisexual, transexual y transgénero, especialmente en asuntos relacionados con el matrimonio y con la adopción de menores de edad, es una violación a la dignidad. También son muchos los que dicen que los presos, aunque sean terroristas, deben ser tratados con respeto y dignidad. En fin, la palabra dignidad se utiliza por todos lados.

Ahora bien, lo que muchas personas olvidan es que el derecho a la dignidad «tiene como fundamento la propia libertad y autonomía del individuo.»[lxxxv] Y por ser eso así se puede sostener que se lesiona el derecho a la dignidad cuando el Estado, por medio de las imbecilidades legislativas o por medio de las imbecilidades judiciales, impide que los enfermos –en especial los enfermos que están sufriendo (o que puedan sufrir) por culpa de enfermedades catastróficas– puedan beneficiarse del suicidio asistido o de la eutanasia directa y activa.

Recuerde que tanto el suicidio asistido como la eutanasia activa y directa, que buscan que la dignidad de un ser humano enfermo y adolorido no se disloque por culpa del dolor intolerable y permanente, tienen como fundamento la propia libertad y autonomía del individuo.

## § 44

Filosóficamente, en particular desde el pesimismo filosófico, toda muerte médicamente asistida –por medio de la eutanasia activa o por medio del suicidio asistido– por culpa de grave enfermedad o por culpa de vejez está justificada. Para empezar, todo eso de que el ser humano es especial y todo eso de que la vida es bonita y valiosa, como nos enseñan todos esos viejos babosos que no saben ni su nombre y que necesitan pañales, son mitos.

De hecho, una fría mirada demuestra que la existencia humana, además de corta y banal, es una porquería que «se desarrolla en lo monstruoso; dominan en ella el sufrimiento, la muerte y las crueldades de todo tipo.»[lxxxvi]

Todo eso significa que el único y verdadero descanso que puede conseguir el ser humano, especialmente el ser humano reventado, hastiado y adolorido que sufre muchísimo, es por medio de un «reposo en la nada para siempre.»[lxxxvii] Por consiguiente, si un adolorido y banal (todos somos banales) ser humano desea que un profesional de la salud le ayude a conseguir –ya sea por medio de la eutanasia activa o por medio de un suicidio asistido– un reposo en la nada, debido a los dolores o debido a que está hastiado y cansado, debe ayudársele a conseguir dicho reposo.

## § 45

Sabemos: (a) que «la felicidad no es más que un sueño»; y (b) que el dolor (físico y psicológico) «es real.»[lxxxviii] También sabemos que se le debe temer al hecho de que la muerte, que se puede presentar en cualquier momento, se presente «de forma insidiosa y lacerante.»[lxxxix] O, por decirlo de otra manera, no se le teme a la muerte, se le teme al lado feroz de la muerte, pues ese lado feroz es el que viene acompañado con dolores horribles e insoportables.

Con eso en mente, no se puede negar que el dolor físico por culpa de una grave enfermedad –o por culpa de un accidente– afecta cada fibra nerviosa del enfermo. Es por eso que, el enfermo es el único que sabe si podrá soportar dicho dolor por largo tiempo. Si el enfermo sabe, por razón de que lo siente, que no podrá soportar ese intolerable y permanente dolor, no es mala idea que termine con su banal y dolorosa existencia por medio de un acto de eutanasia activa o por medio de un acto de suicidio asistido.

## § 46

Contrario a lo que dicen las personas que han sido severamente embrutecidas por culpa de los asuntos religiosos y por culpa de los mitos, las peticiones que se hacen para morir por medio de una muerte médicamente asistida –aquí estoy hablando de la eutanasia activa y del suicidio asistido– «son racionales.»[xc] Es decir, la valiente persona que desea morir: (a) está bien segura de que desea morir; (b) está consciente de las secuelas de su decisión; y (c) tiene una razón de peso para regresar a la nada.

Ahora bien, como estamos bregando con seres humanos no le puedo cerrar la puerta a las excepciones. Digo eso ya que estoy consciente de que siempre existirán seres humanos que, a pesar de que manifiesten que desean morir por culpa del dolor, no tendrán las agallas para dar el definitivo y último paso. Debido a eso, se arrepentirán y suspenderán el proceso de muerte médicamente asistida.

Sin embargo, ese arrepentimiento no tiene nada que ver con el hecho de que la persona haya irracionalmente tomado la decisión de morir con ayuda médica. Recuerde que una persona puede racionalmente tomar la decisión de morir con ayuda médica y, en el último minuto, arrepentirse. Eso puede suceder por motivo de que, el pequeño cerebro humano está «programado para sobrevivir.»[xci] Además, asuntos relacionados con la cultura, con los mitos y con la religión pueden provocar que una persona se arrepienta.

## § 47

Lo bueno que tiene la muerte, entre otros asuntos, es: (a) que siempre nos advierte –cuando nos enteramos de una muerte– que está presente; (b) que siempre nos advierte –cuando se lleva a nuestros amigos, conocidos y familiares– que estamos en su lista; y (c) que elimina –después de completar su proceso– todo sufrimiento y toda preocupación. Otro asunto bueno que tiene la muerte es que «no discrimina, nos despoja de todo. La fama, la riqueza y el poder son todos inútiles en los solemnes momentos finales de la vida.»[xcii]

Ahora bien, no se puede negar que lo más terrible que tiene la muerte es que, en muchas ocasiones, utiliza un doloroso proceso para acabar con un mono humano. Así, por ejemplo, todos conocemos los daños y los dolores que provoca la muerte para apoderarse de la vida de los adoloridos pacientes que sufren y lloran por culpa del demoledor cáncer. También todos conocemos los terribles dolores que, antes de morir, soportan las personas que mueren por culpa del virus del Ébola.

Es por eso que podemos decir que «la muerte no es una cosa tan grave; el dolor, sí.»[xciii] Y de ahí, de los espantos que causa el dolor, nace la creencia de que la muerte con ayuda médica es una buena manera para libre y voluntariamente alcanzar la muerte. Es decir, el deseo de morir por medio de una muerte médicamente asistida, en el caso de enfermedades terribles y graves que se especializan en causar terribles dolores, está relacionado con el deseo de alcanzar la muerte sin tener que sufrir demasiado.

## § 48

Todo el mundo sabe que toda bestia humana, aunque sea una bufa fundamentalista que haya sido embrutecida por medio de las chifladuras religiosas, tiene el «derecho a morir con dignidad, lo que significa en paz y sin sufrimiento.»[xciv] Pues bien, toda persona enferma puede lograr lo anterior por medio de una muerte –aquí estoy hablando del suicidio asistido y de la eutanasia directa y activa– médicamente asistida.

Ahora bien, lo grandioso de la muerte médicamente asistida (la eutanasia activa y el suicidio asistido) es que: (1) se puede utilizar de manera preventiva para evitar tener que soportar dolores insufribles en el futuro cercano; y (2) se puede utilizar cuando los dolores se hayan convertido en dolores insufribles. Eso, dependiendo de las circunstancias de cada persona, le da a la adolorida y enferma persona la opción de decidir cuándo acabar con su banal y corta existencia.

Sobre lo dicho en el punto número uno – utilizar el derecho a morir con ayuda médica para morir de manera preventiva–, creo que el caso de la valiente *Brittany Maynard* me puede ayudar a explicar lo dicho de una mejor manera.

Digo eso ya que doña Maynard, por medio de un acto de suicidio asistido, se mató por motivo de que no deseaba tener que enfrentarse (por culpa del cáncer) a una muerte natural, «lenta y dolorosa» que estaba a la vuelta de la esquina.[xcv]

Sobre el punto número dos antes escrito – solicitar y recibir ayuda médica para morir cuando los dolores se hayan convertido en dolencias insufribles– utilizaré, para que lo explicado se entienda de una mejor manera, un caso que es conocido por millones de personas. En el Reino Unido, allá por 1939, el **Dr. Sigmund Freud** tomó la valiente decisión de morir de manera asistida, deseada, libre, informada y voluntaria.

Para lograr morir, el doctor Freud le pidió ayuda al médico Max Schur. Cabe mencionar que el leal Max Schur, cumpliendo con los deseos de su adolorido y valiente amigo (Freud tenía cáncer del maxilar), le inyectó una dosis letal de «morfina» al doctor Freud.

Como resultado de ese acto de eutanasia activa y directa (recuerde que el doctor Freud estaba viejo y estaba sufriendo muchísimo por culpa del cáncer) el Dr. Sigmund Freud, que era más inteligente que usted y que yo, «murió a las tres de la madrugada del 23 de septiembre de 1939, legando a la humanidad y a la ciencia médica una de las corrientes de pensamiento más importantes...».[xcvi]

Además, no se puede negar que el doctor Sigmund Freud le proporcionó a la humanidad, por medio de su deseada y voluntaria muerte, un extraordinario ejemplo de lo es un acto de eutanasia activa y directa.

## § 49

Estoy consciente de que la existencia humana, a pesar de que es pasajera y banal, «necesita una atmosfera protectora de no saber, de ilusión, de sueños, en la que se entreteja para poder vivir.»[xcvii] Es por eso que, por ejemplo, nos protegemos, engañamos y embrutecemos: (1) por medio de los embustes de los dioses, de las almas, de los espíritus y de las inexistentes cosas sobrenaturales; (2) por medio de los embustes que sostienen que la raza humana es dizque importante; y (3) por medio de los embustes que sostienen que hay seres humanos importantes.

Ahora bien, esa atmósfera de ilusión y de embustes no puede utilizarse cuando estemos bregando, observando y analizando asuntos que estén relacionados con el suicidio asistido y con la eutanasia activa y directa.

El dolor –psicológico o físico– intolerable y permanente que siente una persona que desea morir, es un asunto lamentable y penoso que no está sujeto a mistificaciones. Ese dolor intolerable, indigno y permanente que siente el paciente –que lo retuerce en su cama– por culpa de enfermedad o por culpa de algún evento lamentable, es una desdicha que puede (y debe) ser evitada con medicinas letales y con leyes que respeten la decisión de morir del valiente y gravemente enfermo paciente.

Los asuntos que están relacionados con la muerte, al igual que los asuntos que están relacionados con los graves sufrimientos que (en muchos casos) suele provocar el proceso de muerte, no pueden ser ni atendidos ni analizados utilizando esa atmosfera protectora de no saber, de ilusión y de sueños.

Por eso creo que los políticos (y sus leyes) y los jueces (y sus decisiones), que saben que muchas valientes y adoloridas personas desean morir con ayuda médica, tienen que estar apegados a la realidad. También creo que las personas –familiares, amistades y profesionales de la salud– que rodean al valiente y aquejado paciente que desea morir, tienen que estar apegadas a la cruda realidad.

Al hacer eso: (a) podrían comprender y respetar la decisión del enfermo que –ya sea por medio de un suicidio asistido o por medio de una eutanasia activa y directa– desea morir con ayuda médica; y (b) podrían comprender la razón por la que un «dolor que se torna intolerable, un sufrimiento que se vivencia como lo absoluto, no puede dejar de generar una necesidad imperiosa de descanso o alivio.»[xcviii]

También podrían comprender la razón por la que el derecho a morir –ya sea por medio de un suicidio asistido, o por medio de una eutanasia activa y directa– con ayuda médica es, por decir lo menos, un derecho bueno, ético, respetable y necesario.

## § 50

El ser humano «vive dentro de una sociedad que ejerce presión sobre él de una forma u otra. Lo salva de su soledad y lobreguez, pero lo llega a constreñir y apresar.»[xcix] Y para constreñir y apresar a todo ser humano, la maldita sociedad utiliza asuntos que están relacionados con las embrutecedoras religiones y con el capitalismo salvaje.

En el caso de las religiones, todos sabemos que los grupos religiosos presionan a los políticos para que no aprueben leyes que permitan el suicidio asistido y la eutanasia activa y directa. Para muchos grupos religiosos, que se especializan en embrutecer a sus auspiciadores, los dolores y los sufrimientos que experimenta una persona durante sus últimos días (o meses) de vida son parte de un inexistente proceso de «redención y purificación que no debe evitarse por los seres humanos.»[c]

En el caso del capitalismo salvaje, que ha llevado al ser humano a medir todo (o casi todo) lo que le rodea por medio de ganancias económicas y por medio del utilitarismo económico, todos sabemos que ha causado que muchas personas (médicos, dueños de hospitales, dueños de hospicios, farmacéuticos y personas que venden bienes y servicios que están relacionados con la salud) critiquen y se opongan a la legalización del derecho a morir –suicidio asistido y eutanasia activa y directa– con ayuda médica.

Para las mencionadas personas, la muerte con ayuda médica no debe ser legalizada ya que los sufrimientos y los dolores de los pacientes gravemente enfermos, al igual que los dolores y los achaques de los ancianos que desean una buena muerte, generan buenas ganancias económicas.

En fin, los deseos de obtener buenas ganancias económicas y las imbecilidades religiosas son las dos principales razones que hay detrás de casi todas las opiniones que rechazan la legalización del derecho a morir –ya sea por medio de un suicidio asistido, o por medio de una eutanasia activa y directa– con ayuda médica. Ahora bien, como «nuestro tiempo es el de la estupidez»[ci] no puedo negar que también existen (y existirán) opiniones totalmente irracionales (más irracionales que las religiosas) que rechazan el suicidio asistido y la eutanasia activa y directa.

## § 51

Cuando el deseo de morir es demasiado fuerte y seguro, no hay ley, juez, psicólogo, siquiatra, pastor, sacerdote, moralista ni legislador que pueda impedir la muerte voluntaria de una persona. Por eso hemos visto –y seguiremos viendo– casos en los que, para bochorno del Derecho, personas gravemente enfermas y con un fuerte deseo de morir terminaron matándose –con la ayuda de amigos valientes y comprensivos– a pesar de la existencia de normas (aquí también incluyo las decisiones judiciales) que prohibían todo tipo de ayuda durante una muerte deseada y voluntaria.

El caso del valiente y ejemplar Ramón Sampedro, incuestionablemente, es un buen ejemplo. Todos sabemos que don Ramón, que estuvo muchísimos años «postrado en su cama a causa de una tetraplejia que lo mantenía paralizado del cuello para abajo», logró morir de manera voluntaria, libre, deseada e ilegalmente asistida en 1998.[cii]

Lo extraordinario del caso de don Sampedro fue que, a pesar de que jueces crueles, torturantes y embrutecidos con religión no le permitieron recibir asistencia médica y legal para morir, don Sampedro y doña Ramona Maneiro tomaron la decisión de mandar a la mierda a los jueces, a las leyes y a los legisladores. Digo eso ya que doña

Ramona Maneiro, una buena amiga de don Sampedro que debería recibir un premio, tomó la noble, valiente y arriesgada decisión de ayudar a morir a don Sampedro. Para lograr eso doña Maneiro, debidamente autorizada por don Sampedro, hizo todo lo necesario para que el tetrapléjico Sampedro muriera por medio de la libre, deseada y voluntaria «ingestión de cianuro potásico.»[ciii]

Terminado el caso Sampedro ahora le tengo que decir que, a nivel mundial, son muchísimos los casos (la gran mayoría de esos casos se mantiene en secreto) en los que personas gravemente enfermas, a pesar de la ilegalidad de la muerte medicamente asistida y a pesar de las leyes que impiden cualquier tipo de ayuda durante un suicidio (aunque sea deseado y voluntario), terminan consiguiendo su tan anhelada muerte por medio de la cooperación de familiares, amigos y profesionales de la salud.[civ]

Un caso que me viene a la mente, fue uno que tuvo lugar en Sudáfrica. Allí, una brillante siquiatra llamada *Patricia Ferguson* tomó la valiente decisión de morir de manera voluntaria, asistida, informada y deseada. Para lograr su deseo de morir, la doctora Patricia consumió una dosis letal de morfina. Ahora bien, lo más curioso de ese caso fue que la doctora Patricia fue asistida por su educado (también tenía un doctorado), valiente, compasivo y perspicaz hijo.

Debe tener en cuenta que dije que el hijo de Patricia fue valiente ya que, además de que tuvo las agallas para ayudar a morir a su madre, él sabía que su cooperación era un acto ilegal. De hecho, por esos buenos y compasivos actos el doctor Sean Davison fue arrestado, enjuiciado y sentenciado a catorce años de prisión. Sin embargo, luego de un tiempo, la injusta condena fue modificada debido a que «los jueces consideraron que Davison actuó por 'compasión y amor' y no por ganancias personales; los jueces agregaron que era un hijo amoroso y excepcionalmente devoto.»[cv]

## § 52

Razones imbéciles-religiosas y razones capitalistas, impiden (o dificultan) la legalización del derecho a morir –ya sea por medio de un suicidio asistido, o por medio de una eutanasia activa y directa– con ayuda médica.

Ahora bien, no se puede negar que la maldad del ser humano también impide la legalización del derecho a morir –ya sea por medio de un suicidio asistido, o por medio de una eutanasia activa y directa– con ayuda médica. Digo eso ya que al ser humano, sacando las excepciones que siempre existen, le encanta ver y causar sufrimiento. ***Donatien Alphonse François***

***de Sade*** era muy consciente de esto, por eso escribió que «ver sufrir sienta bien, hacer sufrir es aún mejor.»[cvi]

Por eso creo que las mentes perversas y las mentes severamente embrutecidas, especialmente las que están ocupando posiciones electivas y judiciales, son las suelen impedir que una persona con una enfermedad terminal pueda tener la opción de poder morir –voluntaria y tranquilamente– por medio de un suicidio asistido o por medio de una eutanasia activa y directa.

De hecho, a lo largo de la historia han sido las mentes perversas que adoran ver y causar sufrimientos las que han permitido que los enfermos terminales, a pesar de estar dispuestos a utilizar la muerte voluntaria y médicamente asistida, hayan tenido que enfrentarse a un largo, punzante e indigno proceso de muerte.

## § 53

Nadie puede negar que «el mejor refugio contra las tormentas del destino sigue siendo una tumba.»[cvii] Y por ser eso así, todo Gobierno debe permitir la muerte médicamente asistida –tanto la eutanasia activa y directa como el suicidio asistido– dentro de su territorio. No se le puede negar a una persona enferma, adolorida y cansada que esté segura de querer morir, conseguir su tan anhelado refugio. Y no se le puede negar ya que, al igual que toda tumba, el deseo de morir con ayuda médica es un asunto personalísimo.

## § 54

Para el paciente mentalmente competente pero gravemente enfermo que desea morir, su derecho a solicitar asistencia médica para morir (eutanasia activa o suicidio asistido) es como un castillo y fortaleza, tanto para su defensa contra dolores indignantes como para su retorno y reposo en la nada. Y tenga en cuenta que escribí retorno a la nada ya que «la vida es un paréntesis entre dos nadas. (...) antes del nacimiento no hay nada y después de la muerte no hay nada.»[cviii]

Es por eso que el sujeto intelectualmente bien dotado sostiene que no debe ser castigable, por el derecho penal, la acción de «ayudar a una persona a morir dignamente si ésta lo pide racional y expresamente y sufre una enfermedad grave que conduzca a la muerte o produzca padecimientos difíciles de soportar.»[cix]

# Capítulo cinco
# Eutanasia y suicidio asistido para todos

## § 55

Todo menor de edad que sea clasificado como un enfermo en etapa terminal, puede beneficiarse de la asistencia médica para morir. La decisión de morir por parte del menor en etapa terminal, está por encima del interés de sus progenitores. Es decir, si hay un choque entre el interés del menor (que desea morir) y el interés de los progenitores (que desean que el menor siga viviendo y sufriendo), la decisión del menor es la que prevalece. Eso es así ya que todo ser humano en etapa terminal, aunque sea menor de edad, tiene el derecho a tener un final «digno e indoloro.»[cx]

Ahora bien, como estamos bregando con un menor de edad es necesario que un profesional de la conducta humana –un doctor en psicológica o un psiquiatra– examine al menor que, por haber sido clasificado como un enfermo terminal, desea morir. La mira es averiguar si el menor de edad comprende las consecuencias de lo que está pidiendo y, sobre todo, examinar si el menor de edad entiende lo que está pidiendo. Además, el profesional de la conducta humana examinaría al menor para saber si su decisión es libre y voluntaria.

## § 56

Todo el mundo sabe que «un enfermo en etapa terminal es aquella persona con un diagnóstico sustentando en datos objetivos de una enfermedad incurable, progresiva y mortal a corto o mediano plazo, con escasa o nula respuesta a tratamiento específico disponible y pronóstico de vida limitado.»[cxi]

Pues bien, todo menor de edad que sea médicamente clasificado como un enfermo en etapa terminal –al igual que todo adulto–, tiene el derecho a morir por medio de un suicidio asistido o por medio de una eutanasia activa y directa.

## § 57

La muerte, especialmente si se la busca por medio de una dosis letal de morfina[cxii] o por medio del pentobarbital de sodio, es un tranquilo y estupendo puerto para permanentemente acabar con todo intolerable y permanente dolor psicológico. Cabe señalar que el «pentobarbital de sodio» es la sustancia letal «más utilizada en los procesos de asistencia al suicidio, en dosis mortales de 20 gramos.»[cxiii]

## § 58

Todo ser humano, desde que sale de la barriga materna, no es más que «pura materia natural.»[cxiv] Además, la existencia humana no es más que un banal y corto camino que lleva al sufrimiento, a la flojera, a la muerte y, más espectacular todavía, a la apestosa putrefacción.

Y digo apestosa putrefacción ya que cuando un ser humano muere y comienza el espectacular proceso de putrefacción, en el maloliente cuerpo comienza a ocurrir un proceso de descomposición de los aminoácidos. De hecho, durante la putrefacción corporal se producen las sustancias orgánicas –«la putrescina y la cadaverina»– que, como saben los trabajadores que bregan con los cadáveres, producen el espectacular olor a muerte, putrefacción y humillación.

Y no se puede olvidar que en el espectacular proceso de putrefacción, en el que se «producen compuestos que contienen azufre, numerosos gases (...) comienzan a hinchar el cuerpo temporalmente.»[cxv]

Pues bien, debido a que somos una banal materia natural que cada segundo se acerca a la muerte y a la putrefacción, aunque hay gente que se está pudriendo rápidamente en vida por culpa del cáncer o por culpa de las enfermedades de transmisión sexual, todos tenemos el derecho a matarnos.

Y ese derecho a matarnos no está sujeto a que estemos sufriendo por culpa de una enfermedad terminal, o por culpa de una condición incapacitante. Es decir, una persona física y mentalmente sana tiene el derecho a matarse a fin de volver a la nada y a fin de comenzar su proceso de putrefacción. Por eso concuerdo con *Ludwig Minelli,* abogado y fundador de la clínica Dignitas, cuando dice que «todos, enfermos o no, deberíamos tener derecho a terminar nuestra vida.»[cxvi]

Ahora tengo que decir que todo viejo, por el simple hecho de haber llegado a la asquerosa vejez, tiene el derecho a morir –ya sea por medio de un suicidio asistido, o por medio de una eutanasia activa y directa– con ayuda médica. Eso significa que el viejo, ni tiene que estar gravemente enfermo ni tiene que estar sufriendo por culpa de un grave accidente para beneficiarse de la muerte médicamente asistida. El simple hecho de haber llegado a la ancianidad, le brinda ese derecho.

Es por eso que, por ejemplo, un anciano que quiera morir por el simple de estar cansado «de vivir», debe ser ayudado a morir por medio de un suicidio asistido o por medio de una eutanasia activa y directa.[cxvii] También debe ser ayudado a morir todo anciano que, después de haber manifestado que desea morir, quiera morir por razón de estar sufriendo (o tema sufrir) por culpa del párkinson, del alzhéimer, de la ceguera, de la diabetes, de la hepatitis, entre otras enfermedades y condiciones.

En fin, no se puede negar que la vejez acarrea «...flojera y debilidades para las actividades de la vida diaria.»[cxviii] Tampoco se puede negar que «los ancianos, a menudo, sufren de varias condiciones crónicas al mismo tiempo.»[cxix] Y esos dos asuntos –sufrir por culpa de varias condiciones de salud, y la flojera y debilidad–, son razones suficientes para que un anciano mentalmente competente pueda morir por medio de un suicidio asistido o por medio de una eutanasia activa y directa.

Otro asunto que no se puede obviar sobre la vejez, es el hecho de que muchísimas «personas de edad avanzada (...)[cxx] sufren de abandono, dejadez e indiferencia por el solo hecho de haber envejecido.»

Pues bien, si un anciano está triste debido a que está sufriendo por culpa de la soledad, del abandono o de la indiferencia social y familiar, ese anciano debe ser ayudado a morir si fervientemente desea morir por medio de un suicidio asistido o por medio de una eutanasia activa y directa.

Por último, es importante recordar que el derecho a morir de todo anciano, ya sea por medio de un suicidio asistido o por medio de una eutanasia activa y directa, tiene que ser respetado por todos. El anciano, aunque tenga que usar pañales y aunque babosee, está protegido por el derecho a la intimidad. Y ese derecho a la intimidad le permite al anciano, al igual que a todo joven iluso, «impedir y limitar la intervención de terceros –sean particulares o poderes públicos–» en asuntos que estén relacionados con sus deseos.[cxxi]

## § 59

Sabemos que toda insignificante y corta existencia humana «oscila como un péndulo entre el dolor y el hastío.»[cxxii] Ahora bien, en ocasiones ocurre que el dolor y el hastío se unen de manera permanente. Cuando eso ocurre no es extraño: (1) que la persona sienta que está cansada de vivir; y

(2) que la persona comience a pensar en morir de manera voluntaria.

Por lo regular, esa permanente y poderosa unión entre dolor y hastío ocurre en la vejez. Digo por lo regular ya que, como usted sabe, muchos adultos experimentan esa desagradable sensación mucho antes de llegar a la vejez.

Pues bien, yo entiendo que el suicidio asistido debe estar disponible para toda persona que, aunque no esté gravemente enferma debido a una enfermedad terminal o debido a una seria condición de salud, sufra de esa combinación de dolor y hastío.

Así, por ejemplo, un adulto hastiado y cansado que esté siendo dializado, debe tener el derecho a morir –ya sea por medio de un suicidio asistido, o por medio de una eutanasia activa y directa– con ayuda médica.

También creo que todo hastiado depresivo, si desea morir –y si reiteradamente ha declarado su deseo de morir en varios documentos legales y médicos–, debe tener la facultad legal para matarse por medio de un suicidio asistido. Por eso estoy de acuerdo con el licenciado Ludwig Minelli, abogado y director de la clínica Dignitas, cuando dice que «el suicidio asistido debería ofrecerse a las personas que sufren depresión crónica y no sólo a los enfermos terminales.»[cxxiii]

## § 60

La gran mayoría de la raza humana, está compuesta por tarugos que rechazan el derecho a morir –ya sea por medio de un suicidio asistido, o por medio de una eutanasia activa y directa– con ayuda médica. Debido a eso, muchos son los que dicen que se debe respetar la opinión de esa enorme mayoría. Ahora bien, la opinión de esa enorme mayoría no debe ser tomada en consideración al momento de determinar si se aprueba el suicidio asistido, la eutanasia activa o la eutanasia pasiva con sedación profunda hasta la maravillosa muerte.

Digo eso ya que la historia y la filosofía han demostrado que, salvo raras y dichosas excepciones, «todo lo que huela a masa malo ha de ser.»[cxxiv] También se sabe que los seres humanos, precisamente la gran mayoría, no son más que unos «idiotas.»[cxxv] Y tenga en cuenta que muchos de esos idiotas, pasaron por instituciones de educación superior.

Indico eso ya que, además de que hay muchísimos expertos que han sido embrutecidos por mitos y por chifladuras religiosas, a nivel mundial abundan los idiotas «de los cojones» y las «tontas del culo ataviados con brillantes másteres cursados en el vasto mundo mundial.»[cxxvi]

En segundo lugar, el hecho de que muchísimos tontos (aunque sean la gran mayoría) rechacen el derecho a morir –por medio de un suicidio asistido, por medio de una eutanasia activa y directa o por medio de una eutanasia con sedación profunda hasta la maravillosa muerte- con ayuda médica no significa nada.

Recuerde que está comprobado que «la gran mayoría de los seres humanos está constituida de tal forma que no puede, siguiendo su naturaleza, tomarse nada en serio salvo comer, beber y reproducirse.»[cxxvii] Y también recuerde que «una asamblea de 10.000 tontos no da un solo hombre inteligente.»[cxxviii] Por eso es que la opinión del inteligente y ejemplar Christian De Duve, premio **Nobel de Medicina**, sobre el derecho a morir con ayuda médica vale más que la opinión de, para utilizar la cifra antes escrita, diez mil tontos.

Digo eso ya que el doctor Christian De Duve, mientras diez mil tontos criticaban la eutanasia activa y directa, apoyaba la eutanasia activa y directa. Debe tener en cuenta que escribí que el genio Christian De Duve apoyaba (en pasado) la eutanasia activa y directa ya que, allá por 2013, él murió pacíficamente después de haber tomado la valiente decisión de morir –por medio de una inyección letal– de manera libre, voluntaria, informada y asistida.

Cabe indicar que el doctor Christian De Duve, quien había realizado «descubrimientos acerca de la estructura y el funcionamiento de la célula», tomó la valiente decisión de matarse con ayuda médica cuando notó que su salud (física y mental) se estaba deteriorando rápidamente.[cxxix]

## § 61

Los pesimistas, los nihilistas, los hastiados y los sufrientes que tienen un intolerable y permanente sufrimiento psicológico, en estos días que vivimos, son considerados seres apestados a los que hay que sacarle el cuerpo. La gente quiere, olvidando a los que sufren y mueren, follar, chismear, tragar fluidos corporales, emborracharse, usar drogas y derrochar dinero en los centros comerciales. En fin, si usted analiza lo que está sucediendo verá que hay una obsesión por el entretenimiento y por la inalcanzable felicidad. Y para tratar de alcanzar la inalcanzable felicidad, se hace todo lo posible para «eliminar lo negativo.»[cxxx]

Pues bien, como hay hastiados que desean matarse –y la gente no quiere saber de los hastiados ni de los quejosos– se debe aprobar el suicidio asistido para esas personas. Al aprobarse el suicidio asistido para los hastiados que están cansados de vivir, se respeta el deseo de muerte de esas personas y, a la misma vez, se le da a la vulgar sociedad lo que desea, a saber, sacar del camino a los entristecidos, a los hastiados y a los sufrientes que, además de querer morir, tienen un intolerable y permanente sufrimiento psicológico.

## § 62
Sabemos que «el sida (...) es la 'fase final y avanzada de la infección crónica por el virus de la inmunodeficiencia humana (VIH)', es decir, el sida es la enfermedad y el VIH el virus que la origina.»[cxxxi] Pues bien, toda persona que porte el virus de la inmunodeficiencia humana tiene, aunque no esté en la fase final y avanzada de la infección crónica por el virus de la inmunodeficiencia humana, derecho a morir con asistencia médica.

## § 63
Todo enfermo de sida tiene un derecho a rehusar tratamiento médico aun cuando tal curso de acción pueda conllevar, como consecuencia natural, su muerte. Además, todo enfermo de sida puede morir, si lo desea, por medio de una eutanasia activa y directa o por medio de un suicidio asistido.

## § 64
Todo anciano, por el simple hecho de haber llegado a la asquerosa vejez, tiene derecho a exigir y obtener una atención sanitaria capaz de proporcionarle una muerte medicamente asistida.

## § 65
La eutanasia, es decir, el acto deliberado de poner fin a la vida de un paciente, cuando es aplicada con el permiso del paciente no es contraria a la ética.

# Capítulo seis
# Fragmentos y añadidos

## § 66

Un estado de tristeza, es el estado natural de todo ser humano. Es por eso que, por ejemplo, vemos por doquier libros de dizque ayuda para que el lector, por medio de la hipocresía y de la indiferencia, trate de ser dizque feliz dentro de un contaminado planeta –que será destruido– en el que las miserias, las matanzas, las violaciones de mujeres, la violación de los derechos humanos, los diagnósticos de cáncer, la explotación laboral, el subempleo, el desempleo, los muertos por culpa del hambre y, entre otros asuntos negativos, los impuestos injustos para pagarle al poder financiero e internacional son, gústenos o no, asuntos cotidianos y permanentes.

Por eso no es raro que existan personas que al conocer todo eso, y al tener conocimientos sobre otros miles de negativos asuntos que usted muy bien conoce, hayan pensado (aunque sea una vez) que el retorno y el descanso en la nada no suena tan mal.

Tampoco es raro que existan personas que estén ardientemente deseando descansar (y volver) en la nada debido a que: (1) están padeciendo un sufrimiento –físico o psicológico–

intolerable y permanente; (2) tienen vastos conocimientos sobre las miserias del mundo; y (3) correctamente llegaron a la conclusión de que este mundo es «incomprensible e indiferente.»[cxxxii]

Ahora bien, a pesar de lo antes dicho no puedo negar que «el apego a la vida suele ser más fuerte que todas las miserias del mundo, y aunque muchos juzguen que la vida no vale la pena ser vivida, son pocos los que se suicidan.»[cxxxiii] Y tenga en cuenta que he dicho pocos ya que somos más de siete billones de seres humanos y, todos los años, unas ochocientas mil personas se suicidan.

Ese simple hecho puede ser de gran ayuda para los imbéciles que, incorrectamente, creen que legalizar el suicidio asistido y legalizar la eutanasia activa y directa provocarían que millones de personas, todos los años, abarroten las clínicas que ofrezcan los mencionados servicios de muerte.

Realmente serían pocas las personas las que, aunque cumplan con los requisitos más básicos –padecer un sufrimiento físico o psicológico intolerable y permanente– para someterse a una muerte médicamente asistida, tendrían las agallas y el desapego a la vida para autorizar su propia muerte por medio de un suicidio asistido o por medio de una eutanasia activa y directa.

---

*Ismael Leandry-Vega*

De hecho, aunque todos los países del planeta (eso jamás ocurrirá) legalicen el suicidio asistido y la eutanasia activa y directa, el suicidio violento (el tiro en la cabeza, la soga al cuello y el propio lanzamiento desde una gran altura) seguiría siendo la forma más utilizada para terminar con la propia, corta y banal existencia.

Tengo que decir, por último, que el hecho de que ochocientas mil personas –algunos años son menos y algunos años son más– se suiciden violentamente todos los años, demuestra que el suicidio violento es una conducta notablemente aceptada.

Y si usted le une a esa cifra las personas que intentan suicidarse (suicidios fallidos) y las personas que son recluidas en las instituciones mentales por haber manifestado que deseaban matarse, usted notará que es llamativa la cifra de las personas que –todos los años– llegan a la conclusión de que el suicidio violento es una buena forma para darle fin a esa corta banalidad llamada vida.

Para que tenga una mejor comprensión sobre lo que estoy hablando, le menciono que por cada persona que se suicida hay veinte personas que intentaron matarse pero, para desgracia de sus familiares, no tuvieron éxito.[cxxxiv]

## § 67

Muchas personas que tienen suicidios fallidos, entre ellas viejos, hastiados y depresivos, terminan fastidiadas. Así, por ejemplo, son muchas las que terminan con graves y permanentes lesiones físicas. También hay muchas que terminan con serios daños en el cerebro.[cxxxv]

Pues bien, otro asunto positivo que tendría la legalización mundial de la muerte medicamente asistida es que, aunque un poco, se reduciría el número de los suicidios fallidos, los cuales suelen tener «graves consecuencias para las personas (...) y sus familiares.»[cxxxvi]

Con relación a los familiares, recuerde que son ellos los que tienen que desperdiciar billetes, tiempo libre y horas de sueño para cuidar a un maldito mono humano que, además de que no deseaba vivir, no supo suicidarse. Y lo peor de todo eso ocurre cuando el necio que tuvo el suicidio fallido termina gravemente fastidiado y sus familiares, además de tener que alimentarlo, tienen que limpiar sus cacas, sus orines y sus vómitos.

## § 68

Los paladines de la justicia y los paladines de los derechos humanos, dicen que los confinados tienen que tener agua potable, alimentos, ropa limpia y visitas vigiladas cuando estén en las cárceles, pues si no tienen lo antes dicho el encarcelamiento se convertiría en un castigo cruel e inhumano.

A eso se suma que los tratadistas del Derecho, desde sus cómodos sofás, sostienen que tiene que haber cierto grado de proporción entre la pena y el delito, pues una pena exagerada podría convertirse en un castigo cruel e inhumano.

Pues bien, es hora de que todos los paladines de la justicia y de los derechos humanos, al igual que todos los tratadistas del Derecho, comiencen a escribir que toda acción gubernamental o judicial que impida que una persona mentalmente competente que padezca un sufrimiento (físico o psicológico) intolerable y permanente pueda beneficiarse de una muerte médicamente asistida, constituiría «un castigo cruel e inhumano.»[cxxxvii]

## § 69

Todo juez, aunque sea un maldito jaiba que haya conseguido su puesto por medio de donativos políticos o por medio de favores indebidos, tiene las herramientas y los argumentos: (a) para dejar sin efecto toda ley que impida la muerte médicamente asistida en beneficio de ciertos enfermos; y (b) para permitir la muerte médicamente asistida en beneficio de ciertos enfermos.

Digo eso ya que todo el mundo sabe, hasta los abogados de pasillo, que toda acción judicial que impida que una persona mentalmente competente que padezca un sufrimiento (físico o psicológico) intolerable y permanente pueda solicitar y recibir ayuda médica para tranquilamente morir es una acción: (1) que lesiona el derecho a la intimidad y el derecho a la dignidad; (2) que lesiona la autonomía de todo paciente; (3) que causa que el tribunal se convierta en un morboso e injusto torturador; y (4) que viola un derecho fundamental. Y sobre esto último no puede olvidar que la ayuda médica a morir es, con todas las puntualizaciones y matices que hagan falta, «un derecho fundamental.»[cxxxviii]

## § 70

Es lamentable tener que reconocer, en este tiempo en el que todos sabemos que la apestosa raza humana «es una especie maldita y dolorosamente intrascendente»,[cxxxix] que a pesar de que hay formas efectivas para averiguar si una solicitud para morir con asistencia médica ha sido presentada de manera libre, deseada e informada, la gran mayoría de los países –por culpa de la imbecilidad del político de turno (legisladores y gobernantes)– está compuesta por países que no permiten la muerte médicamente asistida.

Debido a eso, no pueden usar la muerte medicamente asistida ni los ancianos que están cansados de vivir ni las personas que, a pesar de que quieren morir, tienen un sufrimiento –físico o psicológico– intolerable y permanente.

Como secuela de eso son muchísimas las personas enfermas y hastiadas las que, a pesar de que desear morir por medio de asistencia médica, tienen la obligación de violenta y voluntariamente acabar «con sus vidas en sus propias casas.» Y lo más curioso de eso es que, algunas de esas valientes personas logran alcanzar la tan deseada muerte con la cooperación ilegal de otras personas.[cxl]

Ahora bien, lo peor de ese asunto es que hay muchas personas que desean morir por estar enfermas pero no tienen las agallas para matarse por medio de los violentos métodos tradicionales (por ejemplo, el disparo en la cabeza, la soga al cuello o el veneno casero).

En casos como esos lo que estamos viendo es que es el propio Estado el que, convertido en diablo atormentador y convertido en violador del derecho a la autonomía corporal, obliga a esos enfermos a tener soportar graves e intolerables sufrimientos hasta que la muerte se apodere de ellos.[cxli]

Y esto va más lejos, pues no se puede olvidar que los gravemente enfermos que son atormentados por todos esos medievales Estados que los obligan a tener que soportar dolores insoportables e indignantes hasta que la muerte termine de entretenerse por medio de un largo y doloroso proceso de muerte, tienen seres queridos que también terminan sufriendo por el hecho de tener que ver y escuchar a sus seres queridos sufriendo y pidiendo el regreso a la nada.

También, para los familiares, es causa de tristeza tener que ver a un ser querido, por culpa de sus insoportables dolores, convertido en un confuso zombi por culpa de las poderosas drogas que le son administradas para que pueda, aunque sea un poco, aminorar sus sufrimientos hasta que llegue la muerte.

Todo lo antes dicho me permite llegar a la conclusión de que en casos como esos lo que estamos viendo es, a la llana y sin rodeos, que el Estado está bajo el control de unos malditos fanáticos religiosos que, por encima del dolor y de la libertad del adolorido, anteponen sus intereses, sus creencias, sus mitos y sus ilusiones.

Además, no se puede negar que los países y estados que no permiten la muerte deseada y médicamente asistida demuestran que están llenitos de tarugos que, además de indiferentes, hipócritas y necios, no tienen un buen sentido de lo justo y de lo injusto.

Por eso creo que es injusto y primitivo todo pueblo que, por medio de la presión pública, obligue a sus políticos jaibas a impedir toda acción legislativa que busque legalizar el suicidio asistido y la eutanasia activa y directa, especialmente: (1) en beneficio de las personas gravemente enfermas que estén sufriendo muchísimo; y (2) en beneficio de los tetrapléjicos que simplemente desean morir.

## § 71

La pena de muerte que se aplica por medio de medicamentos inyectables es, bien mirada, parte de la muerte médicamente asistida. Recuerde que durante un proceso de pena de muerte por medio de una inyección letal, tiene que haber presencia de profesionales de la salud.

Contempla la objeción de conciencia de los médicos

### Aprobaron la ley de muerte digna en la provincia de Buenos Aires

La norma es de adhesión a la aprobada en mayo pasado por el Congreso Nacional y protege la voluntad del paciente y su familia al permitir el rechazo a tratamientos que no sirvan para mejorar su estado de salud en situación terminal.

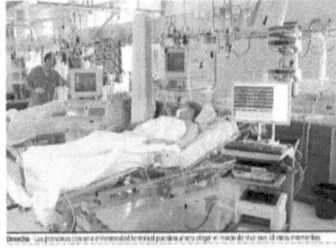

También recuerde que la pena de muerte por medio de una inyección letal –al igual que una muerte voluntaria y medicamente asistida por razón de grave enfermedad–, tiene que provocarle la muerte al reo con el menor dolor posible.[cxlii]

A lo dicho se suma que el reo que consigue su muerte deseada e informada por medio de una inyección letal y en presencia de profesionales de la salud, tácitamente brindó su consentimiento para ser matado. Dicho consentimiento tácito lo brindó el reo cuando –premeditada, voluntaria e ilegalmente– mató a una o a varias personas.

La única gran diferencia entre la muerte médica y gubernamentalmente asistida (pena de muerte) y la muerte voluntaria y médicamente asistida por motivo de enfermedad es que, en el caso de la pena de muerte: (a) el Estado puede usar la fuerza para matar con asistencia médica al reo; y (b) un juzgador de hechos –antes de que el reo reciba su muerte merecida– tiene que determinar si el tácito consentimiento (la acción delictiva) que brindó el reo para que se le aplicara la muerte forzada, consentida, informada y médicamente asistida, cumple con los requisitos establecidos.

Ahora bien, para que la muerte del reo sea una muerte medicamente asistida es necesario que las autoridades hayan esclarecido, sin ningún tipo de duda, el acto violento cometido por el reo. Y cuando digo sin ninguna duda me refiero al hecho de que los fiscales, durante el proceso judicial, hayan presentado videograbaciones, pruebas de ADN y, entre otras evidencias, evidencias criminalísticas y testificales.

## §72

Sabemos que todo ser humano mentalmente competente posee un «egoísmo innato.»[cxliii] Y ese egoísmo innato, que está relacionado con la voluntad, hace que el ser humano siempre esté deseando que todo a su alrededor sea a su gusto. Y ese desear que todo sea como él quiere es lo que hace que el ser humano desee que las leyes, las opiniones judiciales y las políticas públicas, al igual que sus amistades, se ajusten a sus preferencias y gustos.

Ahora bien, una cosa es el deseo y otra cosa es poder lograr que las leyes y las políticas gubernamentales, al igual que las opiniones judiciales, se ajusten a los deseos personales de cada ser humano. Para casi todos los seres humanos, que suelen ser personas pobres, trabajadoras y remplazables, es casi imposible que se aprueben leyes y políticas públicas ajustadas a sus deseos personales.

Ahora bien, algunas personas están tan bendecidas que algunas leyes y políticas públicas, al igual que algunas opiniones judiciales, se ajustan –especialmente si están relacionadas con asuntos económicos, fiscales y laborales– a sus deseos y preferencias personales. Casi todas esas afortunadas personas, en este desigual y corrupto mundo, han sido bendecidas (millones de veces) por el todopoderoso dios dinero.

Lo antes explicado ocurre por razón de que el dinero, especialmente si se tienen miles de millones de billetes, brinda privilegios, poder, oídos, sirvientes y aduladores. Además las personas que tienen muchísimo dinero, especialmente las millonarias que están relacionadas con los negocios, generalmente suelen tener muchos intereses en común.

Así, por ejemplo, la mayoría de esos bendecidos está compuesta por personas que desean: (a) que los paraísos fiscales sean legales; (b) que los políticos les rebajen los impuestos; (c) que los salarios de los trabajadores sean salarios de hambre; y (d) que los políticos permitan llevar la mano de obra a países que permitan la explotación laboral, la contaminación ambiental y los salarios de hambre.

Esos intereses en común, son unos intereses que hacen que los indicados ricos se unan como clase y hagan todo lo que sea necesario para tratar de que muchas leyes, opiniones judiciales y políticas públicas, al igual que muchas columnas de opinión en los periódicos, se ajusten a sus deseos y visiones de mundo. Y esos bendecidos por el dios dinero suelen imponer sus deseos gracias a que, como dije, sus muchos billetes provocan que muchos políticos, al igual que muchos jueces, expertos, periodistas y columnistas, terminen complaciéndolos.[cxliv]

En fin, es obvio que el dinero tiene la casi milagrosa capacidad de convertir en leyes, en opiniones judiciales, en órdenes ejecutivas y en políticas públicas, al igual que en columnas de opinión, los deseos de una pequeña y milmillonaria minoría que ha sido bendecida por el dinero.

## §73

La gran mayoría de los consumistas está compuesta por personas que se sienten incómodas con la dura realidad. De hecho, para el consumista promedio el asunto de analizar y hablar sobre los trapos más sucios y duros de la realidad, como son la insignificancia del ser humano dentro del universo y el hecho de que todo ser humano morirá, son asuntos que le causan incomodidad. Y como esos temas le causan incomodidad, el consumista le huye a esos temas.

Ahora bien, todo tóxico consumista, aunque trate de huir de los duros temas, tiene que enfrentarse a la dura realidad del mundo. Y cuando digo enfrentarse, estoy incluyendo las conversaciones sobre los trapos sucios de la realidad y, sobre todo, los pensamientos relacionados con los trapos sucios de la realidad.

Sobre el asunto de las conversaciones, ya mencioné que el consumista hace todo lo posible para evitar tales temas. Pero, en el caso de que no tenga alternativa el consumista suele brindar opiniones simplonas –y, en ocasiones, hasta justificables– sobre los asuntos más duros de la existencia.

Es por eso que, por ejemplo, si se está hablando de las muchas personas que todos los años mueren de hambre mientras los centros comerciales de los países occidentales están llenos de barrigones y barrigonas, es normal que el consumista diga que hay que gozarse la vida pese a los muchos muertos de hambre.

En el caso de los pensamientos relacionados con los trapos sucios y duros de la vida, como sería que esté pensando sobre el hecho de que la muerte puede llegar en cualquier momento, el consumista hace todo lo que esté en sus manos para evitarlos. Y para ello, no es extraño que recurra al entretenimiento chatarra. Además, no es raro que el consumista busque sacar tales pensamientos de su cabeza por medio de lo que él sabe –y le gusta– hacer, a saber, consumir porquerías en sus centros comerciales favoritos.

En fin, la mayoría de los consumistas está compuesta por personas que, unos más y otros menos, necesitan algún tipo de ayuda psicológica.

## § 74

Todo paciente de cáncer, tiene derecho a exigir y obtener una atención sanitaria capaz de proporcionarle una muerte medicamente asistida.

## § 75

Si el pueblo, después de un debido, justo, largo y costoso proceso de ley, toma la decisión de colocar a un convicto en el pasillo de la muerte para que sea matado (pena de muerte por medio de una inyección letal) con medicamentos –por motivo de que ese reo mostró su deseo de morir con asistencia gubernamental y médica al cometer delitos atroces–, el Estado debe permitir que ese convicto en espera de su deseada y merecida muerte pueda adelantar su muerte por medio de un suicidio asistido y documentado.

# Referencias

[i] Vea las palabras del premio Nobel de Literatura José Saramago, en: **Defiende José Saramago derecho al suicidio**. (2005). México, Latinoamérica: *Universia*. Consultado el 23 de agosto de 2014, de http://noticias.universia.net.mx/ciencia-nn-tt/noticia/2005/11/10/81903/defiende-jose-saramago-derecho-suicidio.html.

[ii] Dra. Mariana Nogales, doctora en jurisprudencia y asesora legal de la organización Humanistas Seculares de Puerto Rico, en: Ivelisse Rivera Quiñones. **Voces a favor y en contra de la muerte digna**. (2015). Guaynabo, Puerto Rico.: *El Nuevo Día*. Recuperado el 30 de agosto de 2015, de http://www.elnuevodia.com/noticias/locales/nota/vocesafavoryencontradelamuertedigna-2008930/. También debe leer: Pongratz-Lippitt, C. (2013). **Swiss theologian Hans Küng considering assisted suicide**. Reino Unido, Unión Europea: *The Tablet*. Consultado el 1 de mayo de 2015, de http://www.thetablet.co.uk/news/64/0/swiss-theologian-hans-k-ng-considering-assisted-suicide.

[iii] Pérez, M.J. (2008). **El debate de la eutanasia sobrevive a la muerte de Ramón Sampedro**. España, Unión Europea: *ABC*. Información consultada el 23 de septiembre de 2014, de http://www.abc.es/hemeroteca/historico-13-01-2008/abc/Sociedad/el-debate-de-la-eutanasia-sobrevive-a-la-muerte-de-ramon-sampedro_1641555380934.html.

[iv] **La BBC emitirá el suicidio asistido de un millonario británico**. (2011). Argentina, Latinoamérica: *La Gaceta*. Información consultada el 23 de septiembre de 2014, de http://www.lagaceta.com.ar/nota/439738/Informaci%C3%B3n_General/BBC-emitira-suicidio-asistido-hotelero-millonario-britanico.html.

[v] Según el Tribunal Federal de Suiza. Vea lo dicho en: Rodrigo Carrizo. **Suiza abre las puertas del suicidio asistido a enfermos psíquicos**. (2007). Madrid, España: *El País*. Consultado el 30 de diciembre de 2014, de http://elpais.com/diario/2007/02/05/sociedad/1170630009_850215.html. También debe leer: **Stephen Hawking consideraría el suicidio asistido**. (2015). Perú, Latinoamérica: *La Republica*. Consultado el 13 de agosto de 2015, de http://larepublica.pe/tecnologia/6009-stephen-hawking-consideraria-el-suicidio-asistido.

[vi] **El legado del Doctor Muerte**. (2011). Londres, Reino Unido.: *British Broadcasting Corporation (BBC)*. [Versión electrónica: http://www.bbc.co.uk/mundo/noticias/2011/06/110603_perfil_doctor_jack_kevorkian_en.shtml?print=1].

[vii] Pérez, M.J. (2008). **El debate de la eutanasia sobrevive a la muerte de Ramón Sampedro**. España, Unión Europea: *ABC*. Información consultada el 23 de septiembre de 2014, de http://www.abc.es/hemeroteca/historico-13-01-2008/abc/Sociedad/el-debate-de-la-eutanasia-sobrevive-a-la-muerte-de-ramon-sampedro_1641555380934.html. También debe leer: **Un premio Nobel eligió la eutanasia para morir**. (2013). Argentina, Latinoamérica: *Clarín*. Información consultada el 23 de agosto de 2014, de http://www.clarin.com/sociedad/premio-Nobel-eligio-eutanasia-morir_0_914308773.html.

[viii] Jacqueline Herremans, miembro del Comité Federal de Evaluación y Control de la Eutanasia de Bélgica, en: LaFuente, S. (2013). **Nathan Verhelst, el transexual con angustia extrema que optó por la eutanasia**. Londres, Reino Unido.: *British Broadcasting Corporation (BBC)*. [Versión electrónica: http://www.bbc.co.uk/mundo/noticias/2013/10/131003_eutanasia_belgica_transexual.shtml?print=1]. También debe leer: **Un premio Nobel eligió la eutanasia para morir**. (2013). Argentina, Latinoamérica: *Clarín*. Información consultada el 23 de agosto de 2014, de http://www.clarin.com/sociedad/premio-Nobel-eligio-eutanasia-morir_0_914308773.html.

[ix] Dr. Wim Distelmans, médico, en: LaFuente, S. (2013). **Nathan Verhelst, el transexual con angustia extrema que optó por la eutanasia**. Londres, Reino Unido.: *British Broadcasting Corporation (BBC)*. [Versión electrónica: http://www.bbc.co.uk/mundo/noticias/2013/10/131003_eutanasia_belgica_transexual.shtml?print=1]. También debe leer las siguientes referencias: (a) Cassens, D. (2014). **In prison for 30 years, Belgian inmate wins OK for assisted suicide**. Chicago, IL.: *American Bar Association Journal*. Información consultada el 20 de septiembre de 2014, de http://www.abajournal.com/news/article/in_prison_for_30_years_belgian_inmate_wins_ok_for_assisted_suicide.

[x] De Benito, E. (2015). **El Supremo de Canadá permite el suicidio médicamente asistido**. Madrid, España: *El País*. Consultado el 7 de febrero de 2015, de

http://internacional.elpais.com/internacional/2015/02/06/actualidad/1423246363_985761.html. También debe leer las siguientes referencias: (a) **Stephen Hawking a favor de suicidio asistido**. (2013). México, Latinoamérica: *La Vanguardia*. Información consultada el 23 de agosto de 2014, de http://www.vanguardia.com.mx/stephenhawkingafavordesuicidioasistido-1833941.html;(b) **Desmond Tutu afirma que apoya el derecho a la muerte asistida**. (2014). Londres, Reino Unido.: *British Broadcasting Corporation (BBC)*. [Versión electrónica: http://www.bbc.co.uk/mundo/ultimas_noticias/2014/07/140712_ultnot_desmond_tutu_muerte_asistida_msd.shtml?print=1].

[xi]Vea las palabras de Pedro Antonio de Alarcón y Ariza, en: Márquez, F. (2005). **Frases Célebres**. Madrid, España.: *Editorial Dipel,* pág.256. También debe leer las siguientes referencias: (a) García, C. (2015). **Stephen Hawking admite que consideraría el 'suicidio asistido' si se agrava su enfermedad**. España, Unión Europea*: El Mundo*. Consultado el 18 de agosto de 2015, de http://www.elmundo.es/ciencia/2015/06/03/556ef94eca4741844d8b458b.html; (b) Pablo Ximénes. **California debatirá una ley de muerte digna tras el caso de Brittany Maynard**. (2015). Madrid, España*: El País*. Consultado el 30 de julio de 2015, de http://internacional.elpais.com/internacional/2015/01/22/actualidad/1421888348_670608.html; (c) LaFuente, S. (2013). **Nathan Verhelst, el transexual con angustia extrema que optó por la eutanasia**. Londres, Reino Unido.: *British Broadcasting Corporation (BBC)*. [Versión electrónica: http://www.bbc.co.uk/mundo/noticias/2013/10/131003_eutanasia_belgica_transexual.shtml?print=1].

[xii]Editorial. (2014). **Difícil decisión**. Madrid, España*: El País*. Consultado el 30 de julio de 2015, de http://elpais.com/elpais/2014/02/15/opinion/1392490349_493030.html. También debe leer las siguientes referencias: (a) Irene Monmeneu Soler. **No quiero morir en Francia**. (2015). Madrid, España: *El País*. Consultado el 30 de mayo de 2015, de http://elpais.com/elpais/2015/03/15/opinion/1426435451_267120.html;(b)**Stephen Hawking: No permitir la muerte asistida es discriminatorio**. Londres, Reino Unido.: *British Broadcasting Corporation (BBC)*. Consultado el 30 de diciembre de 2014, de http://www.bbc.co.uk/mundo/noticias/2014/07/140717_salud_stephen_

hawking_apoya_muerte_asistida_lv;(c)**Stephen Hawking a favor de suicidio asistido**. (2013). México, Latinoamérica: *La Vanguardia*. Información consultada el 23 de agosto de 2014, de http://www.vanguardia.com.mx/stephenhawkingafavordesuicidioasistido-1833941.html;(d)**El Nobel de Medicina Christian De Duve elige la eutanasia para morir**. (2013). Madrid, España.: *El País*. Consultado el 30 de diciembre de 2014, de http://sociedad.elpais.com/sociedad/2013/05/06/actualidad/1367831557_991667.html;(e)Rey, F. (2015). **El derecho a morir con ayuda médica**. Madrid, España: *El País*. Consultado el 30 de mayo de 2015, de http://elpais.com/elpais/2015/03/07/opinion/1425761619_521976.html.

[xiii]**Frank Van Den Bleeken: el asesino que logró que le apliquen la eutanasia**. (2014). Londres, Reino Unido.: *British Broadcasting Corporation (BBC)*. [Versión electrónica:http://www.bbc.co.uk/mundo/ultimas_noticias/2014/09/140915_ultnot_criminal_pide_eutanasia_en_belgica_bd.shtml?print=1 ].

[xiv]**Las diferencias entre muerte digna, eutanasia y suicidio asistido**. (2015). Buenos Aires, Argentina.: *Clarín*. Recuperado el 30 de agosto de 2015, de http://www.clarin.com/sociedad/Corte_Suprema-muerte_digna-eutanasia-suicidio_asistido_0_1389461385.html.

[xv]**¿Qué diferencia a la eutanasia y el suicidio asistido?** (2012). Distrito Federal, México.: *Revista Muy Interesante*. Información consultada el 1 de diciembre de 2012, de http://www.muyinteresante.com.mx/.

[xvi]Jan K. Shearer, Paul Nicoletti and Pedro Melendez. (2007). **Procedimientos para una eutanasia humanitaria, eutanasia humanitaria de ganado enfermo, herido y/o debilitado**. Gainesville, FL.: *University of Florida, College of Veterinary Medicine*. Información consultada el 23 de junio de 2009, de http://edis.ifas.ufl.edu/VM126.

[xvii]**Lozada Tirado v. Tirado Flecha**, 2010 TSPR 9 (2010).

[xviii]**Lozada Tirado v. Tirado Flecha**, 2010 TSPR 9 (2010). También debe leer: **Opinión de conformidad emitida por la Juez Asociada señora Rodríguez Rodríguez**, en: Lozada Tirado v. Tirado Flecha, 2010 TSPR 9 (2010).

[xix]Artículo 2 (c) de la Ley de Declaración previa de voluntad sobre tratamiento médico en caso de sufrir una condición de salud terminal o de estado vegetativo persistente. **Ley de Puerto Rico Núm. 160 de 17 de noviembre de 2001**. San Juan, P.R. *MicroJuris*. Consultado el 22

de septiembre de 2015, de
http://webcache.googleusercontent.com/search?q=cache:aYhMJRLiMc
oJ:http://pr.microjuris.com/ConnectorPanel/ImagenServlet?reference%
3D/images/file/ley1602001.rtf%2Bpaciente+site:http://pr.microjuris.com/
&lr&gbv=1&hl=es&&ct=clnk.

[xx] Editorial. (2015). **Sedación, un paso más**. Madrid, España: *El País*. Consultado el 30 de julio de 2015, de
http://elpais.com/elpais/2015/03/22/opinion/1427039592_544363.html.

[xxi] **Opinión de conformidad emitida por la Juez Asociada señora Rodríguez Rodríguez**, en: Lozada Tirado v. Tirado Flecha, 2010 TSPR 9 (2010).

[xxii] **Opinión de conformidad emitida por la Juez Asociada señora Rodríguez Rodríguez**, en: Lozada Tirado V. Tirado Flecha, 2010 TSPR 009. También debe leer: M. Galán Juárez, **Intimidad Nuevas dimensiones de un viejo derecho**, *Editorial universitaria Ramón Areces*, Madrid, 2004, págs. 240-242.

[xxiii] Dra. Nan Nash, doctora en jurisprudencia y jueza de Nuevo México (Estados Unidos), en: **Jueza de Nuevo México autoriza a médicos a practicar la eutanasia**. (2014). Londres, Reino Unido: *British Broadcasting Corporation (BBC)*. Consultado el 30 de diciembre de 2014, de
http://www.bbc.com/mundo/ultimas_noticias/2014/01/140113_ultn
ot_eeuu_nuevo_mexico_eutanasia_jgc.shtml. También debe leer: **Nuevo México receta el suicidio asistido**. (2014). Moscú, Rusia.: *Russia Today (RT)*. Información consultada el 30 de diciembre de 2014, de http://actualidad.rt.com/sociedad/view/117033-eeuu-nuevo-mexico-permite-suicidio-asistido.

[xxiv] **Stephen Hawking a favor de suicidio asistido**. (2013). México, Latinoamérica: *La Vanguardia*. Información consultada el 23 de agosto de 2014, de
http://www.vanguardia.com.mx/stephenhawkingafavordesuicidioasistid
o-1833941.html. También debe leer: García, C. (2015). **Stephen Hawking admite que consideraría el 'suicidio asistido' si se agrava su enfermedad**. España, Unión Europea: *El Mundo*. Consultado el 18 de agosto de 2015, de
http://www.elmundo.es/ciencia/2015/06/03/556ef94eca4741844d8b458
b.html.

[xxv] Safranski, R. (2010). **Nietzsche: Biografía de su pensamiento**. Barcelona, España.: *Tusquets Editores*, pág.94.

[xxvi] Vargas-Llosa, M. (2012). **La civilización del espectáculo**. México, D.F.: *Editorial Alfaguara*, pág.200.

[xxvii] Sobre las opiniones del Dr. Thomas Stephen Szasz, siquiatra y profesor de la Universidad Estatal de Nueva York (ubicada en Estados Unidos de América), vea la siguiente referencia: Arnoldo Kraus. (2011). **Suicidio: notas y alegatos**. México, D. F.: *Editorial Vuelta*. Información consultada el 18 de agosto de 2014, de http://www.letraslibres.com/revista/convivio/suicidio-notas-y-alegatos?page=full.

[xxviii] Antífanes de Rodas. (2004). **Sociedad**. Grupo Editorial Diana, México.: *El Gran Libro de las Citas y Frases Célebres*, pág.292.

[xxix] Según el Tribunal Supremo de Canadá. Vea lo dicho en: De Benito, E. (2015). **El Supremo de Canadá permite el suicidio médicamente asistido**. Madrid, España: *El País*. Consultado el 7 de febrero de 2015, de http://internacional.elpais.com/internacional/2015/02/06/actualidad/1423246363_985761.html. También debe leer las siguientes referencias: (a) **Stephen Hawking a favor de suicidio asistido**. (2013). México, Latinoamérica: *La Vanguardia*. Información consultada el 23 de agosto de 2014, de http://www.vanguardia.com.mx/stephenhawkingafavordesuicidioasistido-1833941.html;(b)**Desmond Tutu afirma que apoya el derecho a la muerte asistida**. (2014). Londres, Reino Unido.: *British Broadcasting Corporation (BBC)*. [Versión electrónica: http://www.bbc.co.uk/mundo/ultimas_noticias/2014/07/140712_ultnot_desmond_tutu_muerte_asistida_msd.shtml?print=1].

[xxx] Exposición de Motivos del **P. de la C. 2258**. (2014). San Juan, P.R.: *Cámara de Representantes del Estado Libre Asociado de Puerto Rico*.

[xxxi] Vea la decisión del **Tribunal Supremo de Canadá**, según explicada en: Editorial. (2015). Sedación, un paso más. Madrid, España: *El País*. Consultado el 30 de julio de 2015, de http://elpais.com/elpais/2015/03/22/opinion/1427039592_544363.html.

[xxxii] Amat, N. (2001). **Actualidad de Schopenhauer**. Madrid, España.: *El País*. Consultado el 30 de diciembre de 2011, de http://www.elpais.com/.

[xxxiii] Según el Tribunal Supremo de Canadá. Vea lo dicho en: De Benito, E. (2015). **El Supremo de Canadá permite el suicidio médicamente asistido**. Madrid, España: *El País*. Consultado el 7 de febrero de 2015, de

http://internacional.elpais.com/internacional/2015/02/06/actualidad/142
3246363_985761.html. También debe leer las siguientes referencias:
(a) LaFuente, S. (2013). **Nathan Verhelst, el transexual con angustia extrema que optó por la eutanasia**. Londres, Reino Unido.: *British Broadcasting Corporation (BBC)*. [Versión electrónica:http://www.bbc.co.uk/mundo/noticias/2013/10/131003_euta nasia_belgica_transexual.shtml?print=1];(b) **Mujer gana batalla por derecho a morir**. (2009). Londres, Reino Unido.: *British Broadcasting Corporation (BBC)*. [Versión electrónica:http://www.bbc.co.uk/mundo/cultura_sociedad/2009/07/090 730_1655_suicidio_asistido_juicio_gtg.shtml].

[xxxiv]Tribunal Supremo de Puerto Rico, en: **Lozada Tirado V. Tirado Flecha**, 2010 TSPR 009. También debe leer las siguientes referencias: (a) **Stephen Hawking a favor de suicidio asistido**. (2013). México, Latinoamérica: *La Vanguardia*. Información consultada el 23 de agosto de 2014, de http://www.vanguardia.com.mx/stephenhawkingafavordesuicidioasistid o-1833941.html;(b) **Un abogado pide despenalizar que se ayude a morir a pacientes graves**. (2015). Madrid, España: *El País*. Consultado el 30 de agosto de 2015, de http://ccaa.elpais.com/ccaa/2015/04/20/paisvasco/1429552682_26815 8.html.

[xxxv]**Opinión de conformidad emitida por la Juez Asociada señora Rodríguez Rodríguez**, en: Lozada Tirado V. Tirado Flecha, 2010 TSPR 009. También debe leer: **Whalen v. Roe**, 429 U.S. 589, 598-600 (1977). También debe leer las siguientes referencias:(a)LaFuente, S. (2013). **Nathan Verhelst, el transexual con angustia extrema que optó por la eutanasia**. Londres, Reino Unido.: *British Broadcasting Corporation (BBC)*. [Versión electrónica:http://www.bbc.co.uk/mundo/noticias/2013/10/131003_euta nasia_belgica_transexual.shtml?print=1];(b)**Un abogado pide despenalizar que se ayude a morir a pacientes graves**. (2015). Madrid, España: *El País*. Consultado el 30 de agosto de 2015, de http://ccaa.elpais.com/ccaa/2015/04/20/paisvasco/1429552682_26815 8.html.

[xxxvi]Dra. Nan Nash, doctora en jurisprudencia y jueza de Nuevo México (Estados Unidos), en: **Jueza levanta polémica al permitir recetar medicamentos para morir**. (2014). Guaynabo, Puerto Rico.: *El Nuevo Día*. Recuperado el 30 de diciembre de 2014, de

http://www.elnuevodia.com/noticias/internacionales/nota/juezalevantap
olemicaalpermitirrecetarmedicamentosparamorir-1688823/.

[xxxvii]Tribunal Supremo de Puerto Rico, en: **Lozada Tirado V. Tirado Flecha**, 2010 TSPR 009. También debe leer: **Stephen Hawking a favor de suicidio asistido**. (2013). México, Latinoamérica: *La Vanguardia*. Información consultada el 23 de agosto de 2014, de http://www.vanguardia.com.mx/stephenhawkingafavordesuicidioasistido-1833941.html.

[xxxviii]Iribarren, S. (2006). **¿Cuándo podremos elegir libremente?** Madrid, España: *El País*. Consultado el 30 de agosto de 2015, de http://elpais.com/diario/2006/10/19/sociedad/1161208814_850215.html. También debe leer las siguientes referencias: (1) **Stephen Hawking a favor de suicidio asistido**. (2013). México, Latinoamérica: *La Vanguardia*. Información consultada el 23 de agosto de 2014, de http://www.vanguardia.com.mx/stephenhawkingafavordesuicidioasistido-1833941.html; (2) **El suicidio asistido revive en Europa**. (2013). Madrid, España.: *El País*. Consultado el 30 de septiembre de 2014, de http://internacional.elpais.com/internacional/2013/12/26/actualidad/1388093940_250373.html.

[xxxix]**Opinión de conformidad emitida por la Juez Asociada señora Rodríguez Rodríguez**, en: Lozada Tirado v. Tirado Flecha, *2010 TSPR 9 (2010)*.

[xl]**Exposición de Motivos del P. de la C. 2258**. (2014). San Juan, P.R.: *Cámara de Representantes del Estado Libre Asociado de Puerto Rico*.

[xli]Rodríguez, M. (2007) **¿Pasión por la muerte o muerte de la pasión?** México, Universidad Autónoma del Estado de México: *Revista La Colmena*. Consultado el 23 de mayo de 2015, de http://www.uaemex.mx/plin/colmena/Colmena%2053/Aguijon/Mariano.html. También debe leer las siguientes referencias: (1) **¿Qué significa morir de viejo?** (2014). Londres, Reino Unido: *British Broadcasting Corporation (BBC)*. Consultado el 30 de diciembre de 2014, de http://www.bbc.co.uk/mundo/noticias/2014/12/141215_respuestas_curiosos_finde_dv; y (2) **¿Qué le pasa exactamente a nuestro cuerpo cuando nos morimos?** (2015). Londres, Reino Unido: *British Broadcasting Corporation (BBC)*. Consultado el 3 de mayo de 2015, de http://www.bbc.co.uk/mundo/noticias/2014/10/141030_muerte_cuerpo_quimica_lp.

[xlii]Parés, M. (2015) **¿Qué es la muerte digna?** Guaynabo, Puerto Rico.: *El Nuevo Día*. Recuperado el 30 de agosto de 2015, de

http://www.elnuevodia.com/noticias/locales/nota/queeslamuertedigna-2008958/. También debe leer las siguientes referencias: (a) **Mujer gana batalla por derecho a morir**. (2009). Londres, Reino Unido.: *British Broadcasting Corporation (BBC)*. [Versión electrónica:http://www.bbc.co.uk/mundo/cultura_sociedad/2009/07/090730_1655_suicidio_asistido_juicio_gtg.shtml];(b)**El legado del Doctor Muerte**. (2011). Londres, Reino Unido.: *British Broadcasting Corporation (BBC)*. [Versión electrónica: http://www.bbc.co.u k/mundo/noticias/2011/06/110603_perfil_doctor_jack_kevorkian_en.sht ml?print=1].

[xliii]**Sepúlveda de Arrieta v. Barreto**, 137 D.P.R. 735, 742 (1994). También debe leer: **Opinión de conformidad emitida por la Juez Asociada señora Rodríguez Rodríguez**, en: Lozada Tirado v. Tirado Flecha, 2010 TSPR 9 (2010).

[xliv]Tribunal Supremo de Puerto Rico, en: **Lozada Tirado V. Tirado Flecha**, 2010 TSPR 009. También debe leer las siguientes referencias:(a) **Stephen Hawking a favor de suicidio asistido**. (2013). México, Latinoamérica: *La Vanguardia*. Información consultada el 23 de agosto de 2014, de http://www.vanguardia.com.mx/stephenhawkinga favordesuicidioasistido-1833941.html;(b)**Mujer gana batalla por derecho a morir**. (2009). Londres, Reino Unido.: *British Broadcasting Corporation (BBC)*. [Versión electróni ca:http://www.bbc.co.uk/mundo/cultura_sociedad/2009/07/090730_1655_suicidio_asistido_juicio_gtg.shtml];(c)**Sepúlveda de Arrieta v. Barreto**, 137 D.P.R. 735, 742 (1994).

[xlv]**Artículo 2 - 1: Dignidad e igualdad del ser humano; discrimen, prohibido**. (2015). San Juan, Puerto Rico: Rama Judicial. Consultado el 30 de agosto de 2015, de http://www.ramajudicial.pr/leyes/constitucion/articulo2-1.htm.

[xlvi]Vea las palabras del Dr. Stephen Hawking, astrofísico y catedrático de la Universidad de Cambridge, en: **Stephen Hawking consideraría el suicidio asistido**. (2015). Perú, Latinoamérica: *La Republica*. Consultado el 13 de agosto de 2015, de http://larepublica.p e/tecnologia/6009-stephen-hawking-consideraria-el-suicidio-asistido. También debe leer: **Mujer gana batalla por derecho a morir**. (2009). Londres, Reino Unido.: *British Broadcasting Corporation (BBC)*. [Versión electrónica: http://www.bbc.co.uk/mundo/cultur a_sociedad/2009/07/090730_1655_suicidio_asistido_juicio_gtg.shtml].

[xlvii]Editorial. (2014). **Difícil decisión**. Madrid, España: *El País*. Consultado el 30 de julio de 2015, de http://elpais.com/elpais/2014/02/15/opinion/1392490349_493030.html. También debe leer las siguientes referencias: (a) Irene Monmeneu Soler. **No quiero morir en Francia**. (2015). Madrid, España: *El País*. Consultado el 30 de mayo de 2015, de http://elpais.com/elpais/2015/03/15/opinion/1426435451_267120.html;(b)**Stephen Hawking: No permitir la muerte asistida es discriminatorio**. Londres, Reino Unido.: *British Broadcasting Corporation (BBC)*. Consultado el 30 de diciembre de 2014, de http://www.bbc.co.uk/mundo/noticias/2014/07/140717_salud_stephen_hawking_apoya_muerte_asistida_lv;(c)**Stephen Hawking a favor de suicidio asistido**. (2013). México, Latinoamérica: *La Vanguardia*. Información consultada el 23 de agosto de 2014, de http://www.vanguardia.com.mx/stephenhawkingafavordesuicidioasistido-1833941.html;(d) **El Nobel de Medicina Christian De Duve elige la eutanasia para morir**. (2013). Madrid, España.: *El País*. Consultado el 3 de julio de 2014, de http://sociedad.elpais.com/sociedad/2013/05/06/actualidad/1367831557_991667.html;(e)Rey, F. (2015). **El derecho a morir con ayuda médica**. Madrid, España: *El País*. Consultado el 30 de mayo de 2015, de http://elpais.com/elpais/2015/03/07/opinion/1425761619_521976.html.

[xlviii]Montero, R. (2014). **El buen morir**. Madrid, España: *El País*. Consultado el 30 de mayo de 2015, de http://elpais.com/elpais/2014/11/07/eps/1415390903_963527.html. También debe leer: Dra. Nan Nash, doctora en jurisprudencia y jueza de Nuevo México (Estados Unidos), en: **Jueza levanta polémica al permitir recetar medicamentos para morir**. (2014). Guaynabo, Puerto Rico.: *El Nuevo Día*. Recuperado el 30 de diciembre de 2014, de http://www.elnuevodia.com/noticias/internacionales/nota/juezalevantapolemicaalpermitirrecetarmedicamentosparamorir-1688823/.

[xlix]**Opinión de conformidad emitida por la Juez Asociada señora Rodríguez Rodríguez**, en: Lozada Tirado v. Tirado Flecha, 2010 TSPR 9 (2010). También debe leer: Fernando Rey, catedrático de Derecho Constitucional de la Universidad de Valladolid, en: Rey, F.

(2015). **El derecho a morir con ayuda médica**. Madrid, España: *El País*. Consultado el 30 de mayo de 2015, de http://elpais.com/elpais/2015/03/07/opinion/1425761619_521976.html.

[i] L. Requero Ibañez, **El Testamento Vital y las Voluntades Anticipadas**: Aproximación al ordenamiento español, *4 La Ley,* 2002, pág. 1901. También debe leer: **Opinión de conformidad emitida por la Juez Asociada señora Rodríguez Rodríguez**, en: Lozada Tirado v. Tirado Flecha, 2010 TSPR 9 (2010).

[ii] Arthur Schopenhauer. (1851). **Dolores del mundo**. Argentina, Latinoamérica: Filosofía Nueva. Información consultada el 23 de julio de 2014, de http://www.filosofianueva.com.ar/tx_schopenhauer_doloresdelmundo.htm.

[iii] Vea la decisión del Tribunal Supremo de Canadá, según explicada en: Rey, F. (2015). **El derecho a morir con ayuda médica**. Madrid, España: *El País*. Consultado el 30 de mayo de 2015, de http://elpais.com/elpais/2015/03/07/opinion/1425761619_521976.html. También debe leer: De Benito, E. (2015). **El Supremo de Canadá permite el suicidio médicamente asistido**. Madrid, España: *El País*. Consultado el 30 de mayo de 2015, de http://internacional.elpais.com/internacional/2015/02/06/actualidad/1423246363_985761.html.

[iiii] Vea el análisis de Sebastián Iribarren Diarasarri, especialista en Medicina Intensiva y experto en Bioética Clínica, en: Iribarren, S. (2006). **¿Cuándo podremos elegir libremente?** Madrid, España: *El País*. Consultado el 30 de diciembre de 2015, de http://elpais.com/diario/2006/10/19/sociedad/1161208814_850215.html. También debe leer: **Stephen Hawking a favor de suicidio asistido**. (2013). México, Latinoamérica: *La Vanguardia*. Información consultada el 23 de agosto de 2014, de http://www.vanguardia.com.mx/stephenhawkingafavordesuicidioasistido-1833941.html.

[iv] Ludwig Minelli, fundador de la clínica Dignitas, en: **Suicidio asistido para todos**. (2010, julio). Londres, Reino Unido.: *British Broadcasting Corporation (BBC)*. Recuperado el 30 de diciembre de 2010, de http://news.bbc.co.uk/hi/spanish/news/.

[lv] Raúl Fain Binda. **El clamor por el derecho a morir**. (2009). Londres, Reino Unido.: *British Broadcasting Corporation (BBC)*. [Versión electrónica:

http://www.bbc.co.uk/mundo/cultura_sociedad/2009/12/100202_1640_derecho_morir_sao.shtml].
[lvi]**Stephen Hawking a favor de suicidio asistido**. (2013). México, Latinoamérica: *La Vanguardia*. Información consultada el 23 de agosto de 2014, de http://www.vanguardia.com.mx/stephenhawkingafavordesuicidioasistido-1833941.html. También debe leer: **Mujer gana batalla por derecho a morir**. (2009). Londres, Reino Unido.: *British Broadcasting Corporation (BBC)*. [Versión electrónica: http://www.bbc.co.uk/mundo/cultura_sociedad/2009/07/090730_1655_suicidio_asistido_juicio_gtg.shtml].
[lvii]Rivera, J.C. (2011). **Cioran y la muerte**. España, Unión Europea: *El Comercio*. Consultado el 22 de enero de 2014, de http://www.elcomercio.es/v/20110510/opinionarticulos/cioran-muerte-20110510.html. También debe leer: **¿Qué significa morir de viejo?** (2014). Londres, Reino Unido: *British Broadcasting Corporation (BBC)*. Consultado el 30 de diciembre de 2014, de http://www.bbc.co.uk/mundo/noticias/2014/12/141215_respuestas_curiosos_finde_dv.
[lviii]**Significado de Mito**. (2015). Quebec, Montreal: *Significados*. Consultado el 18 de agosto de 2015, de http://www.significados.com/mito/. También debe leer: Rivera, J.C. (2011). **Cioran y la muerte**. España, Unión Europea: *El Comercio*. Consultado el 22 de enero de 2014, de http://www.elcomercio.es/v/20110510/opinionarticulos/cioran-muerte-20110510.html.
[lix]Schopenhauer, A. (2010). **El mundo como voluntad y representación** (Tomo II). Madrid, España.: *Alianza Editorial*, pág.765. Léase, además: Diego López Donaire. (2010). **150 años de Schopenhauer: el pesimista que supo ser feliz**. Madrid, España.: *Revista Muy Interesante*. Información consultada el 25 de mayo de 2013, de http://www.muyinteresante.es/; Savater, F. (2002). **Cuatro maestros inquietantes**. Madrid, España.: *El País*. Consultado el 11 de noviembre de 2011, de http://www.elpais.com/.
[lx]Proverbio vietnamita. (2005). **Muerte**. Madrid España: *El Gran Libro de las Citas Célebres, Dastin Ediciones*, pág.195. También debe leer: Martin Caparros. **Seremos abono, mas tendrá sentido**. (2015). Madrid, España: *El País*. Consultado el 30 de mayo de 2015, de http://elpais.com/elpais/2015/05/18/eps/1431946769_331653.html.

[lxi]Marie José Grotenhuis, según citada en: Ferrer, I. (2010). **Holanda debate el suicidio legal a partir de los 70**. Madrid, España: *El País*. Consultado el 30 de mayo de 2013, de http://elpais.com/diario/2010/04/12/sociedad/1271023205_850215.html. También debe leer: Gigon, A. (2014). **Esos ancianos cansados de vivir que eligen la muerte**. Berna, Suiza: *Swiss Broadcasting Corporation*. Consultado el 23 de agosto de 2015, de http://www.swissinfo.ch/spa/ayuda-al-suicidio_esos-ancianos-cansados-de-vivir-que-eligen-la-muerte/38725286.

[lxii]Iribarren, S. (2006). **¿Cuándo podremos elegir libremente?** Madrid, España: *El País*. Consultado el 30 de diciembre de 2015, de http://elpais.com/diario/2006/10/19/sociedad/1161208814_850215.html. También debe leer las siguientes referencias: (a) **Desmond Tutu afirma que apoya el derecho a la muerte asistida**. (2014). Londres, Reino Unido.: *British Broadcasting Corporation (BBC)*. [Versión electrónica: http://www.bbc.co.uk/mundo/ultimas_noticias/2014/07/140712_ultnot_desmond_tutu_muerte_asistida_msd.shtml?print=1]; (b) **Un abogado pide despenalizar que se ayude a morir a pacientes graves**. (2015). Madrid, España: *El País*. Consultado el 30 de agosto de 2015, de http://ccaa.elpais.com/ccaa/2015/04/20/paisvasco/1429552682_268158.html.

[lxiii]José María Mena, ex fiscal jefe del Tribunal Superior de Justicia de Cataluña, en: Mena, J.M. (2013). **El zorro clueco**. Madrid, España: *El País*. Consultado el 1 de mayo de 2013, de http://ccaa.elpais.com/ccaa/2013/01/18/catalunya/1358531941_297771.html. También debe leer: Dra. Nan Nash, doctora en jurisprudencia y jueza de Nuevo México (Estados Unidos), en: **Jueza levanta polémica al permitir recetar medicamentos para morir**. (2014). Guaynabo, Puerto Rico.: *El Nuevo Día*. Recuperado el 1 de mayo de 2015, de http://www.elnuevodia.com/noticias/internacionales/nota/juezalevantapolemicaalpermitirrecetarmedicamentosparamorir-1688823/.

[lxiv]Dr. José Luis Sampedro, escritor y economista español, en: Sánchez, L. (2011). **Somos naturaleza. Poner al dinero como bien supremo nos conduce a la catástrofe**. Madrid, España: *El País*. Consultado el 30 de diciembre de 2011, de http://elpais.com/diario/2011/06/12/eps/1307860014_850215.html. También debe leer: **Stephen Hawking a favor de suicidio asistido**.

(2013). México, Latinoamérica: *La Vanguardia*. Información consultada el 23 de agosto de 2014, de http://www.vanguardia.com.mx/stephenhawkingafavordesuicidioasistido-1833941.html.

[lxv]Caniff, P. (2006). **Pitágoras**. Madrid, España.: *Edimat Libros*, pág.44. También debe leer: Umberto Eco. (2013). **Baile en torno a la muerte**. Bogotá, República de Colombia.: *El Espectador.* Información consultada el 1 de diciembre de 2014, de http://www.elespectador.com/opinion/baile-torno-muerte-columna-395235.

[lxvi]Arthur Schopenhauer, **El arte de ser feliz** (Explicado en cincuenta reglas para la vida), Ed. Franco Volpi, Tr. Ángela Ackermann Pilári. Barcelona: *Herder, 4a edición,* 2003. p. 29-30. También debe leer: Gilberto Santaolalla. (2013). **El arte de ser feliz por Arthur Schopenhauer (Regla #1)**. Ciudad de México, México: *Dialogo Existencial*. Información consultada el 30 de septiembre de 2014, de http://www.dialogoexistencial.com/2013/el-arte-de-ser-feliz-por-arthur-schopenhauer-regla-1/.

[lxvii]José A. de Azcárraga. (2002). **Documento: ciencia y filosofía**. España, Unión Europea.: *Universitat de València*. Información consultada el 12 de enero de 2011, de http://www.valencia.edu/metode/anuario2002/40_2002.html.

[lxviii]Exposición de Motivos del **P. de la C. 2258**. (2014). San Juan, P.R.: *Cámara de Representantes del Estado Libre Asociado de Puerto Rico.*

[lxix]Henry Miller. (2005). **Vida**. Madrid España: *El Gran Libro de las Citas Célebres, Dastin Ediciones*, pág.279. También debe leer: Rivera, J.C. (2011). **Cioran y la muerte**. España, Unión Europea: *El Comercio*. Consultado el 22 de enero de 2014, de http://www.elcomercio.es/v/20110510/opinionarticulos/cioran-muerte-20110510.html.

[lxx]Schopenhauer, A. (2010). **El mundo como voluntad y representación** (Tomo II). Madrid, España.: *Alianza Editorial*, pp. 843-844. Léase, además: Esteban Ruiz Serrano. (2005). **Filósofos: Arthur Schopenhauer**. España, Unión Europea.: *El Gallo Digital.* Información consultada el 23 de mayo de 2013, de http://www.elgallodigital.com/; Savater, F. (2002). **Cuatro maestros inquietantes**. Madrid, España.: *El País*. Consultado el 11 de noviembre de 2011, de http://www.elpais.com/; Gurméndez, C. (1988). **El gran burgués**. Madrid, España.: *El País*. Consultado el 11 de noviembre de 2011, de

http://www.elpais.com/; Moreno, L.F. (2008). **Las artes de Schopenhauer**. Madrid, España.: *El País*. Consultado el 30 de diciembre de 2012, de http://www.elpais.com/.

[lxxi]Arthur Schopenhauer, **El arte de ser feliz: Explicado en cincuenta reglas para la vida**, Ed. Franco Volpi, Tr. Ángela Ackermann Pilári. Barcelona: Herder, 4a edición, 2003. p. 40-45. También debe leer: Gilberto Santaolalla. (2014). **El arte de ser feliz por Arthur Schopenhauer (Regla #5)**. Ciudad de México, México: *Dialogo Existencial*. Información consultada el 30 de septiembre de 2014, de http://www.dialogoexistencial.com/2014/el-arte-de-ser-feliz-por-arthur-schopenhauer-regla-5/.

[lxxii]Schopenhauer, A. (2009). **Parerga y Paralipómena: escritos filosóficos sobre diversos temas**. Madrid, España.: *Editorial Valdemar*, pág.335.

[lxxiii]**Nueva vía al tratamiento de la depresión**. (2006). Guaynabo, Puerto Rico.: *El Nuevo Día*. Recuperado el 7 de septiembre de 2006, de http://www.endi.com/.

[lxxiv]Según el Tribunal Supremo de Canadá. Vea lo dicho en: De Benito, E. (2015). **El Supremo de Canadá permite el suicidio médicamente asistido**. Madrid, España: *El País*. Consultado el 7 de febrero de 2015, de http://internacional.elpais.com/internacional/2015/02/06/actualidad/1423246363_985761.html. También debe leer las siguientes referencias: (a) **Stephen Hawking a favor de suicidio asistido**. (2013). México, Latinoamérica: *La Vanguardia*. Información consultada el 23 de agosto de 2014, de http://www.vanguardia.com.mx/stephenhawkingafavordesuicidioasistido-1833941.html;(b)**Desmond Tutu afirma que apoya el derecho a la muerte asistida**. (2014). Londres, Reino Unido.: *British Broadcasting Corporation (BBC)*. [Versión electrónica: http://www.bbc.co.uk/mundo/ultimas_noticias/2014/07/140712_ultnot_desmond_tutu_muerte_asistida_msd.shtml?print=1].

[lxxv]Hans Küng, teólogo europeo, según citado en: **El suicidio asistido revive en Europa**. (2013). Madrid, España.: *El País*. Consultado el 30 de diciembre de 2014, de http://internacional.elpais.com/internacional/2013/12/26/actualidad/1388093940_250373.html?rel=rosEP.

[lxxvi]Carrizo, R. (2008). **Londres investiga el suicidio asistido de un ex deportista en Suiza**. Madrid, España.: *El País*. Consultado el 30 de

diciembre de 2013, de
http://elpais.com/diario/2008/10/19/sociedad/1224367202_850215.html.
[lxxvii]Marie José Grotenhuis, según citada en: Ferrer, I. (2010). **Holanda debate el suicidio legal a partir de los 70**. Madrid, España: *El País*. Consultado el 30 de mayo de 2013, de
http://elpais.com/diario/2010/04/12/sociedad/1271023205_850215.html.
También debe leer: Gigon, A. (2014). **Esos ancianos cansados de vivir que eligen la muerte**. Berna, Suiza: *Swiss Broadcasting Corporation*. Consultado el 23 de agosto de 2015, de
http://www.swissinfo.ch/spa/ayuda-al-suicidio_esos-ancianos-cansados-de-vivir-que-eligen-la-muerte/38725286.
[lxxviii]**Cruzan v. Director, Missouri Dep't of Health**, 497 U.S. 261(1990). También debe leer: Editorial. (2011). **Morir como se quiere**. Madrid, España: *El País*. Consultado el 30 de julio de 2015, de
http://elpais.com/diario/2011/08/27/opinion/1314396003_850215.html.
[lxxix]Arthur Schopenhauer. (1851). **La Muerte**. Argentina, Latinoamérica: Filosofía Nueva. Información consultada el 10 de agosto de 2014, de
http://www.filosofianueva.com.ar/tx_schopenhauer_muerte.htm.
[lxxx]Según Marco Aurelio Denegri, citando al filósofo español Fernando Savater, en: Marco Aurelio Denegri. **Primacía de la tristeza**. (2014). Perú, Latinoamérica.: *Empresa Editora El Comercio*. Información consultada el 11 de enero de 2015, de http://elcomercio
.pe/opinion/columnistas/primacia-tristeza-marco-aurelio-denegri-noticia-1752178.
[lxxxi]Lea las palabras de Giacomo Leopardi, un afamado poeta italiano, en: Señor, L. (2000). **Diccionario de Citas**. (2a.ed.). Madrid, España.: *Editorial Espasa-Calpe*, pág. 380.
[lxxxii]Luis Rafael Sánchez. **Sobre el suicidio**. (2014). Guaynabo, Puerto Rico.: *El Nuevo Día*. [Versión electrónica:
http://www.elnuevodia.com/columna-sobreelsuicidio-1835458.html].
[lxxxiii]Como enseña el Dr. Arthur Schopenhauer. Vea lo dicho en: **Arthur Schopenhauer, filósofo increíble**. (2013). Argentina, Latinoamérica: *Revista AIM Digital*. Información consultada el 23 de junio de 2014, de
http://www.aimdigital.com.ar/2013/02/20/arthur-schopenhauer-filosofo-increible/.
[lxxxiv]Boyero, C. (2015). **Ayudando a apagar la luz**. Madrid, España: *El País*. Consultado el 30 de agosto de 2015, de
http://cultura.elpais.com/cultura/2015/04/16/actualidad/1429205333_144682.html.

[lxxxv]**Opinión de conformidad emitida por la Juez Asociada señora Rodríguez Rodríguez**, en: Lozada Tirado V. Tirado Flecha, 2010 TSPR 009. También debe leer: G. Peces-Barba Martínez, **La Dignidad de la Persona desde la Filosofía del Derecho**, *Dykinson*, 2003, 2da ed., Madrid, págs. 68-69.

[lxxxvi]Safranski, R. (2010). **Nietzsche: Biografía de su pensamiento**. Barcelona, España.: *Tusquets Editores*, pág.75. También debe leer: Rivera, J.C. (2011). **Cioran y la muerte**. España, Unión Europea: *El Comercio*. Consultado el 22 de enero de 2014, de http://www.elcomercio.es/v/20110510/opinionarticulos/cioran-muerte-20110510.html.

[lxxxvii]Cano, G. (2010). **Schopenhauer para novatos**. España, Unión Europea.: *La Razón*. Información consultada el 23 de diciembre de 2012, de http://www.larazon.es/detalle_hemeroteca/noticias/LA_RAZON_317707/5048-schopenhauer-para-novatos#.UaO7jtJyEmw. También debe leer las siguientes referencias:(a) **Mujer gana batalla por derecho a morir**. (2009). Londres, Reino Unido.: *British Broadcasting Corporation (BBC)*. [Versión electrónica:http://www.bbc.co.uk/mundo/cultura_sociedad/2009/07/090730_1655_suicidio_asistido_juicio_gtg.shtml];(b) Fuentes, E. (2015). **Sobre el dolor**. Madrid, España: *El País*. Consultado el 3 de mayo de 2015, de http://elpais.com/elpais/2015/03/17/opinion/1426621060_329554.html.

[lxxxviii]Vea las expresiones del maestro Voltaire en: Arthur Schopenhauer. (1851). **Dolores del mundo**. Argentina, Latinoamérica: *Filosofía Nueva*. Información consultada el 23 de julio de 2014, de http://www.filosofianueva.com.ar/tx_schopenhauer_doloresdelmundo.htm.

[lxxxix]Fuentes, E. (2015). **Sobre el dolor**. Madrid, España: *El País*. Consultado el 3 de mayo de 2015, de http://elpais.com/elpais/2015/03/17/opinion/1426621060_329554.html.

[xc]Según el Dr. Jérôme Sobel, otorrinolaringólogo y presidente de la Asociación por el Derecho a Morir Dignamente (en Suiza). Vea lo dicho en: Rodrigo Carrizo. **No hubiéramos ayudado de inmediato a Ramón Sampedro**. (2005). Madrid, España: *El País*. Consultado el 30 de diciembre de 2014, de http://www.elpais.com/. También debe leer las siguientes referencias: (1) **Stephen Hawking a favor de suicidio asistido**. (2013). México, Latinoamérica: *La Vanguardia*. Información

consultada el 23 de agosto de 2014, de
http://www.vanguardia.com.mx/stephenhawkingafavordesuicidioasistido-1833941.html;(2)**Las diferencias entre muerte digna, eutanasia y suicidio asistido**. (2015). Buenos Aires, Argentina.: *Clarín*. Recuperado el 30 de agosto de 2015, de http://www.clarin.com/sociedad/Corte_Suprema-muerte_digna-eutanasia-suicidio_asistido_0_1389461385.html;(3)Pongratz-Lippitt, C. (2013). **Swiss theologian Hans Küng considering assisted suicide**. Reino Unido, Unión Europea: *The Tablet*. Consultado el 1 de mayo de 2015, de http://www.thetablet.co.uk/news/64/0/swiss-theologian-hans-k-ng-considering-assisted-suicide;(4)Carrizo, R. (2008). **Londres investiga el suicidio asistido de un ex deportista en Suiza**. Madrid, España.: *El País*. Consultado el 30 de diciembre de 2013, de http://elpais.com/diario/2008/10/19/sociedad/1224367202_850215.html; (5)Margarita Rodríguez **¿Hasta dónde se puede ayudar a morir?** (2008). Londres, Reino Unido.: *British Broadcasting Corporation (BBC)*. [Versión electrónica: http://news.bbc.co.uk/hi/spanish/international/newsid_7700000/7700831.stm];(6)**Mujer gana batalla por derecho a morir**. (2009). Londres, Reino Unido.: *British Broadcasting Corporation (BBC)*. [Versión electrónica:http://www.bbc.co.uk/mundo/cultura_sociedad/2009/07/090730_1655_suicidio_asistido_juicio_gtg.shtml];(7)**El legado del Doctor Muerte**. (2011). Londres, Reino Unido.: *British Broadcasting Corporation (BBC)*. [Versión electrónica:http://www.bbc.co.uk/mundo/noticias/2011/06/110603_perfil_doctor_jack_kevorkian_en.shtml?print=1];(8)**El Nobel de Medicina Christian De Duve elige la eutanasia para morir**. (2013). Madrid, España.: *El País*. Consultado el 30 de diciembre de 2014, de http://sociedad.elpais.com/sociedad/2013/05/06/actualidad/1367831557_991667.html.

[xci]Vea las palabras del Dr. Stephen Hawking, profesor de la Universidad de Cambridge, en: **Hawking, 'aburrido' de la vida antes de enfermar y 'feliz' al sobrevivir**. (2014). Moscú, Rusia.: *Russia Today (RT)*. Información consultada el 31 de diciembre de 2014, de http://actualidad.rt.com/sociedad/view/145022-hawking-aburrimiento-enfermedad-sobrevivir.

[xcii]Ikeda, D. (2006). **La Vida y la Muerte**. Chile, Latinoamérica: *Soka Gakkai Internacional de Chile*. Consultado el 23 de agosto de 2015, de http://www.sgich.cl/Laviday Lamuerte.htm. También debe leer: **¿Qué**

**significa morir de viejo?** (2014). Londres, Reino Unido: *British Broadcasting Corporation (BBC)*. Consultado el 30 de diciembre de 2014, de http://www.bbc.co.uk/mundo/noticias/2014/12/141215_respuestas_curiosos_finde_dv.

[xciii]Lea las palabras de André Malraux, un novelista francés, en: Señor, L. (2000). **Diccionario de Citas**. (2a.ed.). Madrid, España.: *Editorial Espasa-Calpe*, pág. 381. También debe leer las siguientes referencias: (1) **Stephen Hawking consideraría el suicidio asistido**. (2015). Perú, Latinoamérica: *La República*. Consultado el 13 de agosto de 2015, de http://larepublica.pe/tecnologia/6009-stephen-hawking-consideraria-el-suicidio-asistido; (2) Pablo Ximénes. **California debatirá una ley de muerte digna tras el caso de Brittany Maynard**. (2015). Madrid, España: *El País*. Consultado el 30 de julio de 2015, de http://internacional.elpais.com/internacional/2015/01/22/actualidad/1421888348_670608.html.

[xciv]Vea las expresiones de la Federación Mundial de Asociaciones para el Derecho a Morir, en: **Colombia, primer país latinoamericano que aplica la eutanasia**. (2015). San Juan, Puerto Rico.: *Noticel*. Información consultada el 29 de agosto de 2015, de http://www.noticel.com/noticia/177818/colombia-primer-pais-latinoamericano-que-aplica-la-eutanasia.html. También debe leer: **Stephen Hawking: Consideraría el suicidio asistido**. (2015). Argentina, Latinoamérica: *La Nación*. Consultado el 23 de agosto de 2015, de http://www.lanacion.com.ar/1798348-stephen-hawking-consideraria-el-suicidio-asistido.

[xcv]Lombao-Agustín, L. (2014). **El derecho a la vida**. Madrid, España: *El País*. Consultado el 30 de mayo de 2015, de http://elpais.com/elpais/2014/11/04/opinion/1415128941_943470.html. También debe leer: Montero, R. (2014). **El buen morir**. Madrid, España: *El País*. Consultado el 30 de mayo de 2015, de http://elpais.com/elpais/2014/11/07/eps/1415390903_963527.html.

[xcvi]Isaza, P. (2012). **El debate de la eutanasia (III)**. Colombia, Latinoamérica: *El Nuevo Día*. Información consultada el 23 de enero de 2014, de http://www.elnuevodia.com.co/nuevodia/opinion/columnistas/162755-el-debate-de-la-eutanasia-iii.

[xcvii]Safranski, R. (2010). **Nietzsche: Biografía de su pensamiento**. Barcelona, España.: *Tusquets Editores*, pág.88.

[xcviii] Sandra Baquedano. (2007) **¿Voluntad de vivir o voluntad de morir? El suicidio en Schopenhauer y Mainlander**. Santiago, Chile: *Universidad de Chile. Revista de filosofía (Rev. filos. v.63)*. Información consultada el 18 de agosto de 2014, de http://www.scielo.cl/scielo.php?pid=S0718-43602007000100009&script=sci_arttext.

[xcix] Según José Ortega y Gasset, en: Rafael Méndez Bernal. (2000). **Clásicos del pensamiento universal resumidos**. Bogotá, Colombia.: *Intermedio Editores*, pág.365.

[c] Exposición de Motivos del **P. de la C. 2258**. (2014). San Juan, P.R.: *Cámara de Representantes del Estado Libre Asociado de Puerto Rico*.

[ci] Brum, E. (2015). **La estupidez del mal**. Madrid, España: *El País*. Consultado el 30 de marzo de 2015, de http://internacional.elpais.com/internacional/2015/03/04/actualidad/1425431892_703385.html.

[cii] Malvar, A. & Oliver, J. (1998). **El inválido que pedía la eutanasia consiguió que le ayudaran a morir**. España, Unión Europea: *El Mundo*. Recuperado el 25 de agosto de 2015, de http://www.elmundo.es/elmundo/1998/enero/13/nacional/sampedro.html. También debe leer: Pérez, M.J. (2008). **El debate de la eutanasia sobrevive a la muerte de Ramón Sampedro**. España, Unión Europea: *ABC*. Información consultada el 23 de septiembre de 2014, de http://www.abc.es/hemeroteca/historico-13-01-2008/abc/Sociedad/el-debate-de-la-eutanasia-sobrevive-a-la-muerte-de-ramon-sampedro_1641555380934.html.

[ciii] Malvar, A. & Oliver, J. (1998). **El inválido que pedía la eutanasia consiguió que le ayudaran a morir**. España, Unión Europea: *El Mundo*. Recuperado el 25 de agosto de 2015, de http://www.elmundo.es/elmundo/1998/enero/13/nacional/sampedro.html. También debe leer: Pérez, M.J. (2008). **El debate de la eutanasia sobrevive a la muerte de Ramón Sampedro**. España, Unión Europea: *ABC*. Información consultada el 23 de septiembre de 2014, de http://www.abc.es/hemeroteca/historico-13-01-2008/abc/Sociedad/el-debate-de-la-eutanasia-sobrevive-a-la-muerte-de-ramon-sampedro_1641555380934.html.

[civ] Organización Dignity in Dying, en: **La BBC emite el suicidio asistido de un millonario británico**. (2011). Madrid, España.: *El País*. Consultado el 30 de diciembre de 2014, de http://sociedad.elpais.com/sociedad/2011/06/13/actualidad/130791600

1_850215.html. También debe leer las siguientes referencias:(a) Pérez, M.J. (2008). **El debate de la eutanasia sobrevive a la muerte de Ramón Sampedro**. España, Unión Europea: *ABC*. Información consultada el 23 de septiembre de 2014, de http://www.abc.es/hemeroteca/historico-13-01-2008/abc/Sociedad/el-debate-de-la-eutanasia-sobrevive-a-la-muerte-de-ramon-sampedro_1641555380934.html;(b)**¿Es lícito ayudar a morir a los progenitores?** (2011). Ciudad de México, México.: *La Jornada*. Recuperado el 31 de diciembre de 2014, de http://www.jornada.unam.mx/archivo_opinion/autor/front/45/30387.
[cv]**¿Es lícito ayudar a morir a los progenitores?** (2011). Ciudad de México, México.: *La Jornada*. Recuperado el 31 de diciembre de 2014, de http://www.jornada.unam.mx/archivo_opinion/autor/front/45/30387.
[cvi]Según el pensamiento del escritor Donatien Alphonse François de Sade. Vea lo dicho en: Antonio Elorza. **Sade: el deseo y el poder**. (2014). Madrid, España: *El País*. Consultado el 31 de diciembre de 2014, de http://elpais.com/elpais/2014/12/02/opinion/1417517118_241159.html.
[cvii]Lichtenberg, G.C. (1989). **Algunos aforismos**. México, D.F.: *Fondo de Cultura Económica*, pág.67. También debe leer: Editorial. (2011). **Morir como se quiere**. Madrid, España: *El País*. Consultado el 30 de julio de 2015, de http://elpais.com/diario/2011/08/27/opinion/1314396003_850215.html.
[cviii]Dr. Mario Benedetti, doctor honoris causa por la Universidad de Alicante, en: Martínez, J.J. (1998). **Mario Benedetti: No se puede mirar al futuro, sin saldar cuentas**. Madrid, España: *El País*. Consultado el 30 de diciembre de 2013, de http://elpais.com/diario/1998/07/05/cvalenciana/899666292_850215.html.
[cix]José Ricardo Palacio, abogado penalista, en: **Un abogado pide despenalizar que se ayude a morir a pacientes graves**. (2015). Madrid, España: *El País*. Consultado el 30 de agosto de 2015, de http://ccaa.elpais.com/ccaa/2015/04/20/paisvasco/1429552682_268158.html. También debe leer: Dra. Nan Nash, doctora en jurisprudencia y jueza de Nuevo México (Estados Unidos), en: **Jueza levanta polémica al permitir recetar medicamentos para morir**. (2014). Guaynabo, P.R.: *El Nuevo Día*. Recuperado el 3 de mayo de 2015, de

http://www.elnuevodia.com/noticias/internacionales/nota/juezalevantapolemicaalpermitirrecetarmedicamentosparamorir-1688823/.
[cx]Orts, E. & Tomás y Valiente, C. (2012). **Morir con dignidad**. Madrid, España: *El País*. Consultado el 30 de diciembre de 2015, de http://ccaa.elpais.com/ccaa/2012/06/13/valen cia/1339601784_047680.html.Cabe indicar que Enrique Orts y Carmen Tomás y Valiente son profesores del **Instituto de Investigación en Criminología y Ciencias Penales** de la Universitat de València. También debe leer: **Dignitas desea extender suicidio asistido a personas depresivas**. (2006). Genève, Suisse: *Swisslatin*. Consultado el 1 de mayo de 2015, de http://www.swisslatin.ch/sociedad-0634.htm.
[cxi]Exposición de Motivos del **P. de la C. 2258**. (2014). San Juan, P.R.: *Cámara de Representantes del Estado Libre Asociado de Puerto Rico*.
[cxii]Isaza, P. (2012). **El debate de la eutanasia (III)**. Colombia, Latinoamérica: *El Nuevo Día*. Información consultada el 23 de enero de 2014, de http://www.elnuevodia.com.co/nu evodia/opinion/columnistas/162755-el-debate-de-la-eutanasia-iii. También debe leer: **¿Es lícito ayudar a morir a los progenitores?** (2011). Ciudad de México, México.: *La Jornada*. Recuperado el 1 de mayo de 2014, de http://www.jornada.unam.mx/archivo_opinion/autor/front/45/30387.
[cxiii]Rodrigo Carrizo. **Suiza abre las puertas del suicidio asistido a enfermos psíquicos**. (2007). Madrid, España: *El País*. Consultado el 3 de mayo de 2014, de http://elpais.com/diario/2007/02/05/sociedad/1170630009_850215.html.
[cxiv]Martin Caparros. **Seremos abono, mas tendrá sentido**. (2015). Madrid, España: *El País*. Consultado el 30 de mayo de 2015, de http://elpais.com/elpais/2015/05/18/eps/143 1946769_331653.html. También debe leer: **¿Qué le pasa exactamente a nuestro cuerpo cuando nos morimos?** (2015). Londres, Reino Unido: *British Broadcasting Corporation (BBC)*. Consultado el 30 de abril de 2015, de http://www.bbc.co.uk/mundo/noticias/2014/ 10/141030_muerte_cuerpo_quimica_lp/
[cxv]**¿Qué le pasa exactamente a nuestro cuerpo cuando nos morimos?** (2015). Londres, Reino Unido: *British Broadcasting Corporation (BBC)*. Consultado el 3 de abril de 2016, de http://www.bbc.co.uk/mundo/noticias/2014/10/141030_muerte_cuerpo_quimica_lp.

[cxvi]Ludwig Minelli, fundador de la clínica Dignitas, en: **Suicidio asistido para todos**. (2010, julio). Londres, Reino Unido.: *British Broadcasting Corporation (BBC)*. Recuperado el 30 de diciembre de 2010, de http://news.bbc.co.uk/hi/spanish/news/.

[cxvii]Ferrer, I. (2010). **Holanda debate el suicidio legal a partir de los 70**. Madrid, España: *El País*. Consultado el 30 de mayo de 2013, de http://elpais.com/diario/2010/04/12/sociedad/1271023205_850215.html. También debe leer las siguientes referencias: (a) Gigon, A. (2014). **Esos ancianos cansados de vivir que eligen la muerte**. Berna, Suiza: *Swiss Broadcasting Corporation*. Consultado el 23 de agosto de 2015, de http://www.swissinfo.ch/spa/ayuda-al-suicidio_esos-ancianos-cansados-de-vivir-que-eligen-la-muerte/38725286;(b)Editorial. (2011). **Morir como se quiere**. Madrid, España: *El País*. Consultado el 30 de julio de 2015, de http://elpais.com/diario/2011/08/27/opinion/1314396003_850215.html;(c)**El suicidio asistido revive en Europa**. (2013). Madrid, España.: *El País*. Consultado el 30 de septiembre de 2014, de http://internacional.elpais.com/internacional/2013/12/26/actualidad/1388093940_250373.html;(d)**Suicidio asistido para todos**. (2010, julio). Londres, Reino Unido.: *British Broadcasting Corporation (BBC)*. Recuperado el 30 de diciembre de 2010, de http://news.bbc.co.uk/hi/spanish/news/.

[cxviii]Volpi, F. (2014). **Introducción: cuando el Nilo llega a El Cairo**. Recogido en: Schopenhauer, S. (2014). El arte de envejecer. Madrid, España: *Alianza Editorial*, pp.24-25.

[cxix]**¿Qué significa morir de viejo?** (2014). Londres, Reino Unido: *British Broadcasting Corporation (BBC)*. Consultado el 30 de diciembre de 2014, de http://www.bbc.co.uk/mundo/noticias/2014/12/141215_respuestas_curiosos_finde_dv.

[cxx]Exposición de Motivos de la **Ley de Puerto Rico Núm. 53 del año 2002**.

[cxxi]**López Tristani v. Maldonado Carrero**, 168 D.P.R. 838 (2006).

[cxxii]**Arthur Schopenhauer**. (2011). Rosario, Argentina.: *Academia de Ciencias Luventicus*. Consultado el 20 de noviembre de 2014, de http://www.luventicus.org/articulos/02A027/schopenhauer.html.

[cxxiii]Ludwig Minelli, abogado y director de Dignitas, en: **Dignitas desea extender suicidio asistido a personas depresivas**. (2006). Genève,

Suisse: *Swisslatin*. Consultado el 1 de mayo de 2015, de http://www.swisslatin.ch/sociedad-0634.htm.
[cxxiv]Armando B. Ginés. **Pueblo y elite, masa y poder**. (2014). España, Unión Europea.: *Diario Octubre*. Información consultada el 30 de agosto de 2015, de http://www.diario-octubre.com/2014/11/05/pueblo-y-elite-masa-y-poder/.
[cxxv]San Agustín, **Del libre albedrío**, I, 8, 19. Vea lo dicho en: Antología de la estupidez. (2011). España, Unión Europea: *El Cultural*. Información consultada el 18 de agosto de 2014, de http://www.elcultural.es/noticias/letras/Antologia-de-la-estupidez/2486.
[cxxvi]Ginés, A.B. (2015). **Tontos de los cojones, tontas del culo y tontos útiles**. España, Unión Europea.: *Diario Octubre*. Información consultada el 23 de agosto de 2015, de http://www.diario-octubre.com/2015/04/13/tontos-de-los-cojones-tontas-del-culo-y-tontos-utiles-politicamente-hablando/.
[cxxvii]Schopenhauer, A. (2014). **El arte de envejecer**. Madrid, España: *Alianza Editorial,* pág.73.
[cxxviii]Moreno, L.F. (2008). **Las artes de Schopenhauer**. Madrid, España.: *El País*. Consultado el 30 de diciembre de 2012, de http://www.elpais.com/.
[cxxix]**Un premio Nobel eligió la eutanasia para morir**. (2013). Argentina, Latinoamérica*: Clarín*. Información consultada el 23 de agosto de 2014, de http://www.clarin.com/sociedad/premio-Nobel-eligio-eutanasia-morir_0_914308773.html. También debe leer: **El Nobel de Medicina Christian De Duve elige la eutanasia para morir**. (2013). Madrid, España.: *El País*. Consultado el 30 de diciembre de 2014, de http://sociedad.elpais.com/sociedad/2013/05/06/actualidad/1367831557_991667.html.
[cxxx]Vea las palabras de Roger-Pol Droit, filósofo, en: Joseba Elola. **Hay un imperativo de ser feliz, en todas partes, todo el rato**. (2015). Madrid, España: *El País*. Consultado el 30 de agosto de 2015, de http://cultura.elpais.com/cultura/2015/02/13/actualidad/1423830518_127946.html.
[cxxxi]**Sida no es lo mismo que VIH**. (2012). Madrid, España: *Fundación del Español Urgente (Fundéu)*. Consultado el 14 de noviembre de 2015, de http://www.fundeu.es/recomendacion/sida-no-es-lo-mismo-que-vih-1154/.

[cxxxii] Vea las ideas de Martin Heidegger, filósofo alemán, en: **Existencialismo**. (2009). Enciclopedia Microsoft Encarta Online 2009. *Microsoft Corporation.*: Redmond, WA. [Versión "online" en español].
[cxxxiii] Sandra Baquedano. (2007) **¿Voluntad de vivir o voluntad de morir? El suicidio en Schopenhauer y Mainlander**. Santiago, Chile: *Universidad de Chile. Revista de filosofía (Rev. filos. v.63).* Información consultada el 18 de agosto de 2014, de http://www.scielo.cl/scielo.php?pid=S0718-43602007000100009&script=sci_arttext.
[cxxxiv] Vea los resultados de un estudio realizado por la Organización Mundial de la Salud, en: **La OMS alerta de que el suicidio provoca más muertes que los asesinatos y las guerras**. (2004). Madrid, España.: *El País*. Consultado el 30 de diciembre de 2013, de http://sociedad.elpais.com/sociedad/2004/09/08/actualidad/1094594405_850215.html.
[cxxxv] Vea los resultados de un estudio realizado por la Organización Mundial de la Salud, en: **La OMS alerta de que el suicidio provoca más muertes que los asesinatos y las guerras**. (2004). Madrid, España.: *El País*. Consultado el 30 de diciembre de 2013, de http://sociedad.elpais.com/sociedad/2004/09/08/actualidad/1094594405_850215.html.
[cxxxvi] Ludwig Minelli, abogado y director de Dignitas, en: **Dignitas desea extender suicidio asistido a personas depresivas**. (2006). Genève, Suisse: *Swisslatin*. Consultado el 1 de mayo de 2015, de http://www.swisslatin.ch/sociedad-0634.htm.
[cxxxvii] Exposición de Motivos del **P. de la C. 2258**. (2014). San Juan, P.R.: *Cámara de Representantes del Estado Libre Asociado de Puerto Rico*. También debe leer: Soler, F. (2015). **El Tribunal Supremo canadiense legaliza el suicidio médicamente asistido**. New York City, U.S.: *The Huffington Post*. Información consultada el 30 de agosto de 2015, de http://www.huffingtonpost.es/fernando-soler-grande/el-tribunal-supremo-canada_b_6679408.html.
[cxxxviii] Editorial de El País. (2015). **Sedación, un paso más**. Madrid, España: *El País.* Consultado el 30 de junio de 2016, de http://elpais.com/elpais/2015/03/22/opinion/1427039592_544363.html.
[cxxxix] Vea las ideas de Emile M. Cioran, filósofo rumano, en: Narbona, R. (2011). **Un caníbal en París**. España, Unión Europea: *El Cultural*. Consultado el 1 de mayo de 2013, de http://www.elcultural.com/revista/letras/Un-canibal-en-Paris/28974.

También debe leer: **Stephen Hawking: Los robots terminarán con los humanos**. (2015). Perú, Latinoamérica: *La República*. Consultado el 1 de mayo de 2016, de http://larepublica.pe/mundo/631-stephen-hawking-los-robots-terminaran-con-los-humanos.
[cxl]Organización Dignity in Dying, en: **La BBC emite el suicidio asistido de un millonario británico**. (2011). Madrid, España.: *El País*. Consultado el 30 de diciembre de 2014, de http://sociedad.elpais.com/sociedad/2011/06/13/actualidad/1307916001_850
215.html. También debe leer las siguientes referencias: (a) Pérez, M.J. (2008). **El debate de la eutanasia sobrevive a la muerte de Ramón Sampedro**. España, Unión Europea: *ABC*. Información consultada el 2 de mayo de 2014, de http://www.abc.es/hemeroteca/hi storico-13-01-2008/abc/Sociedad/el-debate-de-la-eutanasia-sobrevive-a-la-muerte-de-ra mon-sampedro_1641555380934.html;(b) **¿Es lícito ayudar a morir a los progenitores?** (2011). Ciudad de México, México.: *La Jornada*. Recuperado el 31 de diciembre de 2014, de http://www.jornada.unam.mx/archivo_opinion/autor/front/45/30387.
[cxli]Soler, F. (2015). **El Tribunal Supremo canadiense legaliza el suicidio médicamente asistido**. New York City, U.S.: *The Huffington Post*. Información consultada el 30 de agosto de 2015, de http://www.huffingtonpost.es/fernando-soler-grande/el-tribunal-supremo-canada_b_6679408.html.
[cxlii]**¿Una forma más humana de ejecutar?** (2009, diciembre). Londres, Reino Unido.: *British Broadcasting Corporation (BBC)*. Recuperado el 30 de diciembre de 2009, de http://news.bbc.co.uk/hi/spanish/news/. También debe leer: Ron Word. **Relato del largo proceso de muerte**. (2006,16 de diciembre). Guaynabo, Puerto Rico.: *El Nuevo Día*. Recuperado el 31 de diciembre de 2006, de http://www.adendi.com/.
[cxliii]Según Manuel Suances Marcos, profesor de Historia de la Filosofía de la UNED, en: **Llegan los últimos pensamientos de Schopenhauer 150 años después de su muerte**. (2010). España, Unión Europea.: *La Vanguardia*. Información consultada el 23 de noviembre de 2013, de http://www.lavanguardia.com/cultura/20100920/54006727670/llegan-los-ultimos-pensamientos-de-schopenhauer-150-anos-despues-de-su-muerte.html.

[cxliv] Mery, H. (2015). **La plutocracia reinante**. Universidad de Chile, Chile: *Radio Universidad de Chile*. Consultado el 23 de octubre de 2015, de http://radio.uchile.cl/2015/04/18/la-plutocracia-reinante.

www.ingramcontent.com/pod-product-compliance
Lightning Source LLC
Chambersburg PA
CBHW030811180526
45163CB00003B/1227